Como calcular o preço de venda

+ curso *on-line*

Como calcular o preço de venda

+ curso *on-line*

Luiz Arnaldo Biagio

Copyright © 2012 Editora Manole Ltda., por meio de contrato com o autor.

Editor gestor: Walter Luiz Coutinho
Editora: Karin Gutz Inglez
Produção editorial: Paulo Roberto Rocha Filho, Cristiana Gonzaga S. Corrêa e Juliana Morais
Capa: Daniel Justi
Projeto gráfico: Visão Editorial
Ilustrações do site: Maria Rita Fairbanks Coelho Mendes Biagio
Revisão: Departamento Editorial da Editora Manole

Dados Internacionais de Catalogação na Publicação (CIP)
(Câmara Brasileira do Livro, SP, Brasil)

Biagio, Luiz Arnaldo
  Como calcular o preço de venda / Luiz Arnaldo Biagio. –
Barueri, SP: Manole, 2012 – (Série lições de gestão)

  ISBN 978-85-204-3360-7

  1. Preços 2. Preços – Determinação 3. Vendas
I. Título. II. Série.

12-04665   CDD-658.816

Índices para catálogo sistemático:
  1. Preço de venda: Formação: Empresas: Administração de vendas 658.816
  2. Vendas: Preço: Formação: Empresas: Administração de vendas 658.816

Todos os direitos reservados.
Nenhuma parte deste livro poderá ser reproduzida,
por qualquer processo, sem a permissão expressa dos editores.
É proibida a reprodução por xerox.
A Editora Manole é filiada à ABDR - Associação Brasileira de Direitos Reprográficos.

1ª edição – 2012

Direitos adquiridos pela:
Editora Manole Ltda.
Avenida Ceci, 672 – Tamboré
06460-120 – Barueri – SP – Brasil
Tel.: (11) 4196-6000 – Fax: (11) 4196-6021
www.manole.com.br
info@manole.com.br

Impresso no Brasil
Printed in Brazil

Este livro contempla as regras do Acordo Ortográfico da Língua Portuguesa de 1990, que entrou em vigor no Brasil em 2009.

São de responsabilidade do autor as informações contidas nesta obra.

SUMÁRIO

Apresentação   vii

1. Introdução   1
2. O mercado e as estratégias de preços   9
3. Composição do preço de venda – produtos sob encomenda   19
4. Determinação do preço de venda – produtos *commodities*   45
5. Determinação do preço de venda pela margem de contribuição   51
6. Cálculo do preço de venda pelo estoque médio   57
7. Estudo dirigido   65

Considerações finais   85

APRESENTAÇÃO

Olá! Meu nome é Eugênio e talvez você já me conheça. Sou facilitador do Manole Educação e estou aqui para lhe apresentar a primeira das Lições de Gestão, que irá orientá-lo sobre como calcular o preço de venda de produtos e serviços.

Você deve estar se perguntando: o que são as Lições de Gestão? É um conjunto formado por 12 cursos de administração considerados básicos para a gestão de qualquer empresa. Cada lição é um curso a distância composto de livro, *web aulas* e tutoriais disponibilizados em: www.manoleeducacao.com.br/licoesdegestao.

Este primeiro curso sobre o cálculo do preço de venda de produtos ou de serviços é vital para a sobrevivência de uma empresa. Qual é o preço de um determinado produto ou serviço? Essa simples questão está intimamente ligada aos conceitos de custos e despesas e de competitividade e rentabilidade.

Esteja atento, pois você precisará de muita disciplina para utilizar todos os recursos disponíveis e, assim, facilitar seu aprendizado. Cada curso da série Lições de Gestão requer muita dedicação para concluí-lo. Muitas pessoas iniciam um desses cursos, mas acabam deixando-o de um dia para o outro. Com isso, o tempo passa e a oportunidade de crescimento pessoal e profissional também.

Curso *on-line*

Acesse o site www.manoleeducacao.com.br/licoesdegestao, faça seu cadastro usando o código-chave impresso na página de guarda deste livro (verso da capa) e realize as diversas atividades do curso:

- assista às *web aulas*;
- aprenda com os tutoriais;
- acompanhe os *slides*;
- teste seus conhecimentos com questões interativas.

Boa sorte!

AULA 1
INTRODUÇÃO

OBJETIVOS DESTA AULA

■ Apresentar os métodos para cálculo do preço de venda;
■ explicar por que determinar o preço de venda é tão complicado.

Bem, vamos à aula!

Para ajudar a explicar a formação do preço de venda, será usada uma pequena história, que parece ser uma lenda, mas ilustra bem a dificuldade de se calcular o preço de venda na área industrial.

Por que calcular o preço de venda é tão difícil?

Quadro 1 – O fabricante de máquinas

Havia um famoso empresário que fabricava máquinas de usinagem de diversos tipos e modelos. Durante muito tempo, ele cuidou pessoalmente dos detalhes

> da construção e da montagem de cada equipamento; porém, com a chegada da idade, foi se afastando lentamente das linhas de produção – não sem antes transmitir aos seus sucessores os segredos da fabricação dos equipamentos com esmeradas precisão e qualidade.
>
> No entanto, o empresário não conseguiu se manter longe da empresa e adotou uma rotina de visitas diárias ao setor de expedição. Escolhia um equipamento qualquer que estivesse pronto para o embarque e solicitava que fosse ligado. Em seguida, colocava um copo de água sobre o barramento. Se aparecessem pequenas ondulações na água em razão da vibração do equipamento, ele era devolvido à linha de produção para retrabalhos.
>
> Com tanto cuidado na fabricação e na inspeção dos equipamentos, era natural que o preço de venda desses produtos fosse maior que o das empresas concorrentes. Contudo, os clientes orgulhavam-se em falar que possuíam tais equipamentos em suas linhas de produção, destacando-os como um diferencial competitivo.

Preço de venda baseado nos custos
Baseado nos custos fixos e variáveis
Leva em conta as perspectivas de retorno do investimento
É fixo e se altera somente com a variação da inflação

MORAL DA HISTÓRIA: o preço dos produtos não pode ser formado apenas com base no custo e nas despesas, mas principalmente na sua qualidade, durabilidade e credibilidade que a marca possui no mercado.

Quem já adquiriu uma calça *jeans* entenderá perfeitamente o que está sendo dito aqui. Os preços são os mais variados possíveis, mas o que determina a compra é a qualidade dos produtos ofertados, incluindo, no caso das calças *jeans*, o corte, o caimento e a credibilidade que a marca possui no mercado, que conferirá *status* ao cliente.

Se a sua empresa for uma prestadora de serviços, você também não estará a salvo desse problema. Veja a história seguinte:

> **Quadro 2 – O especialista em computadores**
>
> *Certa vez, um famoso empresário adquiriu um supercomputador que controlaria as operações de todas as suas empresas. Infelizmente, porém, ninguém conseguia pôr a máquina em operação. O empresário já estava quase desistindo, mas, como uma das principais características do comportamento empreendedor é a persistência, resolveu, em uma última tentativa, contratar um especialista em computadores daquela natureza, um profissional que um amigo indicou como sendo a única pessoa capaz de solucionar o problema.*
>
> *Assim que o homem chegou à empresa, ouviu do próprio empresário as dificuldades que estavam encontrando com o supercomputador. Pediu para ser encaminhado até a sala onde estava a CPU, no que foi prontamente atendido pelo empresário, que o acompanhou pessoalmente até a sala solicitada. Lá, frente a frente com a CPU, o técnico removeu uma pequena placa metálica, tornando visível um conjunto de uma centena de pequenos parafusos. Escolheu um deles, aparentemente de forma aleatória, e, com o auxílio de uma chave de fenda, deu quase ¼ de volta nesse parafuso, no sentido anti-horário, e, em seguida, solicitou que colocassem o equipamento em operação.*
>
> *Quase em um "passe de mágica", o supercomputador passou a operar com pleno desempenho.*
>
> *O homem apresentou a Nota Fiscal dos serviços prestados ao empresário, que, quando viu o valor, teve um sobressalto e esbravejou.*

> — Você ficou louco? R$ 10.000,00 por menos de 5 minutos de trabalho? Você apenas apertou um parafuso e tem o despropósito de me cobrar R$ 10.000,00? Eu quero uma Nota Fiscal discriminada, pois, caso contrário, não haverá pagamento algum.
>
> Pacientemente, o homem cancelou aquela Nota Fiscal, preencheu outra discriminando o serviço efetuado e apresentou novamente ao empresário. No corpo da nova Nota Fiscal, estava a seguinte discriminação dos serviços:
>
> – Custo de deslocamento: R$ 150,00;
> – Apertar 1 parafuso: R$ 10,00;
> – Saber o parafuso certo a ser apertado: R$ 9.840,00;
> – TOTAL DOS SERVIÇOS: R$ 10.000,00.

Qual é o melhor método de cálculo do preço de venda?

O maior problema encontrado pelas empresas no momento de precificar um determinado produto/serviço está na valoração dos ativos intangíveis (conhecimento, tecnologia e marca). Como essa valoração está intimamente ligada à questão da qualidade, ela depende muito do ponto de vista do comprador, ou seja, aquilo que é um produto de qualidade para uma pessoa pode não ser para outra.

Em geral, a produção industrial é uma atividade automatizada, padronizada e realizada em larga escala, com exceção de alguns casos de produção sob encomenda ou sob projeto, nos quais cada cliente requer especificações próprias e personalísticas. Nesse caso, a automação da atividade é bastante difícil, assim como a produção em escala ou a padronização dos processos de fabricação. Essas barreiras dificultam sobremaneira a precificação dos produtos.

Comumente, atribui-se um valor por hora trabalhada na fabricação do produto e, com base nesse valor, estima-se a quantidade de horas necessárias para a realização dos trabalhos, adicionando-se o valor dos materiais a serem empregados e dos impostos a serem recolhidos, chegando-se, assim, ao preço de venda do produto.

Esse mesmo problema ocorre no momento de precificar os serviços. Existem os serviços profissionais, precificados como se fossem produção sob encomenda, e os serviços prestados em larga escala, adotando-se um preço de venda baseado em uma unidade de referência, como R$/m².

Em um contexto geral, para calcular o preço de venda de um determinado produto, os seguintes fatores devem ser considerados:

> O que levar em conta no momento de calcular o preço de venda?

- segmento de atuação da empresa (eletroeletrônicos, máquinas e equipamentos, vestuário, alimentício, automobilístico, etc.);
- perfil dos clientes;
- estrutura da empresa;
- localização do ponto de venda;
- atendimento oferecido;
- qualidade e garantia dos serviços;
- relacionamento com os clientes após a venda;
- quantidade de produtos comercializados;
- intenção de retorno do capital investido;
- tecnologia empregada;

- credibilidade da marca;
- conhecimento sobre o assunto.

> **DICA:** o mercado está extremamente vendedor, ou seja, existem muitas empresas atuando no mercado e brigando por poucos clientes. Isso leva os clientes a adotarem o valor dos produtos/serviços como uma das referências, passando a solicitar descontos, fazendo leilões e julgando as empresas pela política de preços adotada.

Veja o caso da indústria automobilística, que, até bem pouco tempo, operava em regime de reserva de mercado, sendo proibida a importação de veículos de quaisquer outros países. Nessa época, existiam apenas quatro ou cinco montadoras de automóveis no Brasil e poucos modelos disponíveis para os clientes. Atualmente, montadoras de automóveis do mundo inteiro estão instaladas no país e, anualmente, uma verdadeira enxurrada de novos modelos chega ao mercado, de modo que o cliente possui muitas alternativas de compra, podendo migrar de um fabricante para outro com facilidade.

Esse tipo de atuação faz com que as empresas sejam altamente competitivas e que a maior batalha pelo cliente seja travada na precificação dos produtos. É claro que conforto, segurança, *design*, tecnologia, etc. também são levados em conta, mas a relação custo-benefício é preponderante e, nesse caso, o preço é o fator de maior importância.

■ **PARA REFLETIR**
1. Qual é o melhor preço de venda para um produto ou serviço?
2. Produtos ou serviços semelhantes devem seguir a mesma estratégia de preços?

AULA 2

O MERCADO E AS ESTRATÉGIAS DE PREÇOS

OBJETIVOS DESTA AULA

- Demonstrar como estruturar uma estratégia de precificação;
- apresentar os componentes de uma análise de mercado.

Bem, vamos à aula!

Você já deve ter percebido que as empresas possuem certa flexibilidade em seus preços, isto é, fixam os valores dependendo do cliente. Se o cliente for cativo, se existir um longo tempo de relações comerciais, se o cliente comprar grandes quantidades, se for pontual quanto aos pagamentos, etc., a empresa acaba oferecendo algum desconto ou alguma facilidade adicional para a compra, como maiores prazos de pagamento.

Como desenvolver uma estratégia de precificação?

> **Preço de venda baseado na concorrência**
>
> Baseado em pesquisa de mercado junto aos concorrentes
>
> Leva em conta as vantagens competitivas dos produtos da empresa diante dos concorrentes
>
> É variável e oscila de acordo com as promoções

O primeiro passo para a obtenção de uma boa estratégia de vendas é tecer uma análise detalhada sobre os concorrentes e sobre como eles se comportam no mercado. Além disso, acreditar que os concorrentes não existem é um erro que pode custar caro. É importante identificá-los e analisá-los, mesmo aqueles indiretos ou substitutos.

Normalmente, as pesquisas de mercado são caras e dificilmente o empresário está preparado para essa despesa, especialmente o pequeno empresário. Além disso, as pesquisas são complexas e o empresário precisa contratar uma empresa especializada para a sua realização. Todavia, nem tudo está perdido. Se você estiver enquadrado nessa segunda alternativa, faça você mesmo sua pesquisa de mercado, ainda que de forma mais superficial.

Antes de desenvolver uma estratégia de precificação, você não deve, sob nenhum pretexto, deixar de buscar informações sobre seus concorrentes e avaliar o desempenho deles em alguns quesitos. Lembre-se de que, apesar de ser uma tarefa maçante, é fundamental para o sucesso da sua empresa. E você, que está muito mais ansioso para vender do que para fazer pesquisas de mercado, deve ter em mente que a busca de informações é uma das principais características do comportamento empreendedor.

O ponto fundamental de uma pesquisa de mercado desse tipo não é a quantidade de informações que você colherá a respeito dos seus clientes, mas a forma como interpretará os dados e fará seu uso. Lembre-se sempre que quem oferece o menor preço nem sempre consegue as maiores vendas e quem oferece o maior preço nem sempre possui o produto de melhor qualidade. O preço é o resultado de um conjunto de vantagens oferecidas ao cliente. Quem conseguir oferecer o melhor conjunto, certamente venderá mais e poderá praticar maiores preços.

Você pode usar a Tabela 1 como modelo para tabular as informações colhidas dos concorrentes. Isso tornará seu trabalho mais organizado e mais fácil de entender.

> O preço é o resultado de um conjunto de vantagens oferecidas ao cliente.

Tabela 1 – Análise dos concorrentes				
Quesitos analisados e praticados	Peso	Concorrente A	Concorrente B	Concorrente C
1. Qualidade				
2. Prazo de entrega				
3. Tempo de garantia				
4. Condições de pagamento				
5. Ponto de venda				
6. Políticas de descontos				
7. Reputação da marca				
8. Participação no mercado (%)				
9. Apelo ambiental				
10. Perfil de reação				
11. Tecnologia utilizada				
12. Tempo de mercado				
13. Nível de concorrência				
14. Política de preços				
Pontuação total				
Preço praticado				

> **CUIDADO:** seja imparcial com a análise e não subestime ou supervalorize a concorrência.

Para utilizar essa tabela, basta que você analise seus concorrentes sob o ponto de vista dos seus clientes, atribuindo pesos de 1 a 14 para cada um dos quesitos listados, sendo o maior peso aquele que você acredita ser o mais importante para os seus clientes, não repetindo pontuações para nenhum quesito. Em seguida, atribua notas de 1 a 5 para cada concorrente e o respectivo quesito analisado, cruzando com o concorrente que oferece o mesmo quesito. Você pode repetir as notas, ou seja, atribuir a mesma nota para dois concorrentes em um determinado quesito. Quanto maior for a capacidade do concorrente no atendimento ao quesito, maior será sua nota.

No final, calcule a pontuação total para cada concorrente, obtida pela somatória dos produtos "peso *versus* nota" de cada quesito. Presume-se que o concorrente que conseguir a maior pontuação ponderada dispõe do melhor produto e/ou serviço.

Para que o preço de venda seja determinado, é importante analisar três situações:

Preço de venda baseado nos clientes
Baseado em pesquisa de mercado junto aos clientes
Leva em conta o poder aquisitivo do cliente e o perfil de compra
É variável e oscila de acordo com as variações da demanda

- a formação dos preços de venda por meio dos custos;
- a formação do preço de venda por semelhança com o mercado concorrente;
- a formação do preço de venda em função do mercado consumidor.

A análise dos concorrentes dá uma ideia do preço de venda por semelhança com aquilo que é praticado pelo mercado, ao passo que a análise dos clientes dá uma ideia do preço que o mercado consumidor está disposto a pagar pelo produto.

Assim, após ter em mãos os dados dos concorrentes, é necessário analisar também os clientes.

O procedimento de análise dos clientes é bastante semelhante ao da análise dos concorrentes: analise seus clientes sob o ponto de vista das suas exigências, atribuindo pesos de 1 a 14 para cada um dos quesitos listados, sendo o maior peso aquele que você acredita ser o mais importante para os seus clientes, não repetindo pontuações para nenhum quesito.

Você poderá usar a tabela a seguir como modelo para tabular as informações colhidas dos clientes. Como já explicitado na análise dos concorrentes, o uso da tabela tornará seu trabalho mais organizado e fácil de entender.

Tabela 2 – Análise dos clientes				
Quesitos analisados e praticados	**Peso**	**Cliente A**	**Cliente B**	**Cliente C**
1. Exigências de qualidade				
2. Prazo de entrega				
3. Garantia solicitada				
4. Condições de pagamento				
5. Potencial de compra				
6. Políticas de compra				
7. Segmento de mercado				
8. Participação no mercado (%)				
9. Demanda ambiental				
10. Relação com fornecedores				
11. Tecnologia necessária				
12. Reputação entre os fornecedores				
13. Documentação exigida				
14. Localização				
Pontuação total				
Preço praticado				

Em seguida, atribua notas de 1 a 5 para cada cliente analisado e o respectivo quesito exigido. Você poderá repetir as notas, ou seja, atribuir a mesma nota para dois clientes em um determinado quesito. Quanto maiores forem as exigências do cliente no atendimento ao quesito, maior será sua nota.

Ao final, calcule para cada cliente a pontuação total, obtida pela somatória dos produtos "peso *versus* nota" de cada quesito. Presume-se que o cliente que conseguir melhor pontuação ponderada é o mais exigente.

Agora que você já possui dados dos concorrentes e dos clientes, está pronto para escolher a melhor política de preços, como mostra a Tabela a seguir.

Tabela 3 – Tipos de políticas de preços	
Tipos de políticas	**Características**
Políticas oportunistas de preços	Aumentar os preços acompanhando os concorrentes, e, assim, aumentar as margens de lucro e manter o equilíbrio do mercado
	Aumentar o preço quando houver demanda apropriada
	Reduzir o preço quando o concorrente não conseguir acompanhar, aumentando as vendas e ganhando na quantidade
	Reduzir o preço em produtos ou mercados específicos, onde não se espera uma retaliação por parte da concorrência
Políticas predatórias de preços	Reduzir temporariamente os preços para eliminar um ou mais concorrentes
	Reduzir temporariamente os preços para aumentar a participação no mercado
	Fazer reduções punitivas ou "educativas", para forçar a concorrência a recuar ou aceitar um acordo de convivência pacífica
Políticas contingenciais de preços	Desnatamento: fixar o preço para os clientes que possuem maior poder aquisitivo, obtendo altos lucros, para, depois de saturar o segmento-alvo, diminuir os preços para atingir os demais segmentos do mercado
	Recuperar o caixa: liquidar para girar estoques e obter capital
	Manter preço baixo em um item acessível para atrair o cliente e vender outros itens
	Utilizar os preços baixos para entrar em um novo mercado ou para lançar produtos

Algumas dicas importantes:

- se a empresa não deseja se inserir rapidamente no mercado, porém quer obter grandes lucros em curto prazo e o produto tiver diferencial competitivo suficiente para justificar os preços altos, a melhor política é o desnatamento;
- se a empresa deseja uma rápida penetração no mercado, mas, em contrapartida, pode aguardar um tempo maior para o retorno do investimento, o mais eficiente é adotar políticas que contemplem preços baixos;
- se a empresa não for líder do mercado e os compradores já tiverem expectativas de preços estabelecidos pelo seu principal concorrente, a melhor estratégia é adotar políticas de preços que acompanhem a concorrência.

É obvio que você somente poderá utilizar plenamente essas dicas a partir do instante em que conhecer todos os pontos fortes e fracos dos seus concorrentes e clientes. Outro detalhe que precisará levar em conta é a questão ética do negócio, pois, cada vez que você elaborar uma pesquisa de mercado, certamente terá contato com questões invasivas, informações privativas ou, ainda, dados relativos à segurança individual do pesquisado. Você terá de se precaver contra a divulgação não autorizada dessas informações sobre seus clientes e concorrentes.

Por outro lado, o pesquisado poderá abster-se de responder determinadas questões ou de fornecer algumas informações, pois falsificar o depoimento ou mentir é antiético.

Para melhorar a sua percepção quanto à estratégia de preços a ser adotada, observe a próxima tabela com as características do mercado relacionadas ao preço de venda dos produtos.

Tabela 4 – Valor do preço de venda *versus* estratégia de vendas	
Valor do preço de venda	Especificações do mercado ou do produto
Alto	Quase nenhuma concorrência
	Excelência conquistada
	Novas tecnologias
	Exclusividades – autorizadas/credenciadas
	Clientes com maior poder aquisitivo
	Exigência de mais qualidade
Médio	Alguma concorrência direta
	Clientes com bom poder aquisitivo
	Várias opções de orçamento
	Exigência relativa de qualidade
Baixo	Muita concorrência direta
	Pouca importância para a excelência da empresa
	Clientes com menor poder aquisitivo
	Menor exigência de qualidade

Ao determinar o preço de venda do seu produto ou serviço, tenha sempre em mente que essa é uma das atividades de maior importância para a sua empresa. Preços abaixo do mercado, além de reduzirem as possibilidades de lucros, podem despertar uma demanda tão elevada que você não conseguirá atender e, assim, seus clientes passarão a procurar os concorrentes, mesmo que pagando preços maiores. Por outro lado, preços elevados podem deixá-lo sem demanda suficiente para atender suas necessidades de caixa, o que fará com que sua empresa acabe se endividando.

DICA: o segredo é encontrar o ponto mais equilibrado possível entre aquilo que o cliente está disposto a pagar e aquilo que sua empresa necessita cobrar para atender as necessidades de caixa e sobrar um lucro que justifique continuar investindo no negócio.

■ PARA REFLETIR

1. Quem define o preço de venda de um produto ou serviço?
2. Como a tecnologia pode influenciar no preço de venda de um produto ou serviço?

AULA 3

COMPOSIÇÃO DO PREÇO DE VENDA – PRODUTOS SOB ENCOMENDA

OBJETIVOS DESTA AULA

- Calcular o preço de venda dos produtos e serviços com base nos custos e nas despesas;
- apresentar cada componente do preço de venda dos produtos e serviços.

Bem, vamos à aula!

A forma mais convencional de se calcular o preço de venda de um produto ou de um serviço é a utilização de uma fórmula baseada nos gastos, envolvendo custos e despesas que a empresa contabilizará para fabricar o produto ou prestar o serviço. A princípio, custos e despesas podem ser confundidos e parecem ser a mesma coisa; porém, você vai descobrir que existe uma diferença importante entre eles.

Qual é a diferença entre custo e despesa?

O custo dos produtos ou serviços é composto por gastos efetuados especificamente na produção do produto, na execução dos serviços ou, ainda, na comercialização das mercadorias. Trata-se dos gastos com a mão de obra das pessoas que efetivamente fabricarão o produto ou executarão o serviço e dos gastos com os materiais utilizados (materiais, peças, componentes, produtos aplicados, etc.). A questão a ser respondida é: quanto a empresa gastará para fabricar o produto ou prestar o serviço solicitado pelo cliente?

Algumas dicas podem auxiliá-lo nesse momento:

- cada produto tem um valor específico de gastos com mão de obra e com materiais, já que cada caso é um caso;
- é bom ter todos os gastos tabulados, pois poderá ter de comprovar os valores após a fabricação do produto ou a prestação do serviço;
- negociar os valores gastos e administrar o tempo de fabricação do produto e o consumo de materiais são atividades vitais para se obter melhores condições de preço de venda, sendo uma tarefa de grande importância para o empreendedor;
- em geral, o preço dos materiais está incluso no preço do produto, mas pode ser cobrado à parte, dependendo de negociação prévia com o cliente (o que demanda cálculos de preços diferenciados).

O que são despesas variáveis?

É preciso estar atento também às despesas variáveis, gastos que ocorrem somente quando as vendas são realizadas.

Geralmente, as empresas consideram somente os impostos sobre as vendas e a comissão dos vendedores como esse tipo de despesa.

Entre as despesas variáveis, as mais difíceis de serem administradas são os impostos incidentes sobre as vendas, em razão da quantidade e da complexidade do cálculo das alíquotas referentes a cada caso. Normalmente, as indústrias estão sujeitas à tributação federal, estadual e municipal, porém as empresas cujo custo dos materiais não está incluso no preço dos produtos, sendo estes fornecidos pelos clientes, estão sujeitas somente aos impostos federais e municipais.

Os impostos federais incidentes sobre o valor de venda são:

- PIS (Programa de Integração Social): 1,65%;
- Cofins (Contribuição para Financiamento da Seguridade Social): 7,60%;
- CSLL (Contribuição Social sobre Lucro Líquido): 9% sobre o lucro apurado;
- IRPJ (Imposto de Renda de Pessoa Jurídica): 15% sobre o lucro apurado;
- IPI (Imposto sobre Produto Industrializado): variável em função da finalidade do produto (em geral, 10%), aplicável somente para empresas industriais, dispensando-se as prestadoras de serviços e as empresas comerciais.

No entanto, dependendo do regime tributário no qual a empresa está enquadrada, a forma de pagamento desses impostos pode variar, inclusive a alíquota. Existem três opções de regime tributário:

> IMPORTANTE: consulte um contador para definir o regime tributário da sua empresa e as alíquotas dos impostos.

- Simples Nacional: apresenta uma tabela progressiva de benefícios tributários para as micro e pequenas empresas, unificando PIS, Cofins, CSLL, IRPJ, INSS patronal e IPI, com alíquotas que variam de 4,5 a 7,5% para as microempresas e de 8,1 a 12,9% para as pequenas empresas. Pelo fato de a alíquota do imposto Simples ser variável em função do faturamento acumulado durante o ano, é aconselhável que a empresa faça uma estimativa de faturamento acumulado mês a mês e use a alíquota média na precificação dos produtos;
- lucro presumido: nesse tipo de regime tributário, os impostos federais (PIS, Cofins, CSLL e IRPJ) são unificados e calculados sobre o volume total das vendas, independentemente do que foi acumulado no ano. Existem duas alíquotas de referência: 7,49% para empresas com teto de faturamento anual de R$ 120.000,00 e 11,33% para empresas com faturamento superior a R$ 120.000,00 anuais. O IPI deve ser destacado na nota fiscal com a alíquota variável, de acordo com a classificação fiscal do produto. Nesse regime, também incide o ICMS, com valores estipulados para cada estado;
- lucro real: nesse caso, as alíquotas são cheias e aplicadas sobre o total de vendas. Para os casos do PIS e Cofins, a tributação não é cumulativa, ou seja, é possível o crédito desses impostos relativo às compras efetuadas. Já para o caso da CSLL e do IRPJ, as alíquotas são aplicadas sobre o lucro líquido. Dessa maneira, você precisará estimar o percentual de lucro que deseja obter antes de calcular o valor desses impostos. O IPI e o Imposto sobre Circulação de Mercadorias e Serviços (ICMS) obedecem as mesmas condições do regime tributário do lucro presumido.

Especificamente, se sua empresa for prestadora de serviços e destacar na nota fiscal os materiais necessários para a consecução dos serviços, ou seja, se o valor dos materiais for separado do valor da mão de obra, a sua empresa comercializa esses materiais agregados aos serviços prestados. Nesse caso, você deverá considerar o ICMS, que é um imposto estadual aplicado sobre o valor de venda das mercadorias e cuja alíquota varia de acordo com a região do país em que as vendas estão sendo realizadas.

O último tipo de imposto aplicado exclusivamente sobre as vendas na prestação de serviços é o ISSQN (Imposto Sobre Serviço de Qualquer Natureza). Esse imposto é de âmbito municipal e cada município possui legislação específica quanto às alíquotas e aos incentivos às micro e às pequenas empresas. Existem municípios em que a legislação municipal obriga que a empresa prestadora de serviços recolha o ISSQN onde os serviços foram prestados, e não no município onde se localiza a sede da empresa. Seu contador pode orientá-lo sobre isso, mas fique bem atento para não recolher impostos em duplicidade.

Além dos impostos, a comissão dos vendedores também integra o grupo de despesas variáveis. Essa despesa refere-se ao percentual pago aos vendedores internos e externos sobre as vendas realizadas por eles. Não existe um percentual padrão, cada empresa estabelece seu valor específico, levando em consideração o esforço desprendido para as vendas, o estabelecimento de metas e a política de remuneração dos vendedores.

A comissão também pode ser feita de forma escalonada, premiando os maiores volumes de vendas, as vendas mais

CUIDADO: esteja sempre atento às alíquotas tributárias, pois elas variam de acordo com a legislação vigente e a região onde a empresa está instalada.

difíceis ou, ainda, a venda para novos clientes. Se você optar por um sistema de comissão com percentuais variáveis, é aconselhável calcular o percentual médio das comissões pagas durante o período de 1 ano e aplicar esse percentual no cálculo do preço de venda dos produtos. Veja como fazer isso na Tabela 1.

Tabela 1 – Cálculo do percentual médio das comissões	
Valor anual total das comissões pagas	R$ 8.100,00
Valor total das vendas em 1 ano	R$ 180.000,00
Valor médio das comissões (8.100,00 : 180.000,00) × 100	4,5%

Existem as despesas fixas que acontecem independentemente de a empresa vender ou não algum produto. É o caso dos aluguéis, dos gastos com administração, da energia elétrica das áreas administrativas, da depreciação de máquinas e equipamentos e da estrutura necessária para a fabricação dos produtos e a prestação dos serviços. A melhor forma de apropriar esses gastos no preço de venda dos produtos é o sistema de rateio, no qual se divide o valor anual das despesas fixas pelo número de horas efetivamente disponíveis para a fabricação de produtos e encontra-se o "valor/hora" das despesas fixas.

Falta ainda o componente mais importante: o lucro líquido. É claro que toda empresa, inclusive a sua, operando em condições normais, tem por objetivo contabilizar os lucros no final do processo de industrialização e de venda dos produtos. Afinal, o lucro é o resultado de um trabalho empresarial bem-

Afinal, o que é lucro?

-sucedido ou também a remuneração do empreendedor pela opção do investimento na empresa.

> **DICA:** é interessante calcular pelo menos três preços de venda com faixas de lucro variáveis e, dependendo de sua percepção e da estratégia adotada com um cliente específico, você poderá optar por obter maiores ou menores lucros. Em caso de dúvida, recorde as características dos preços de venda apresentadas em relação ao mercado.

Em um primeiro momento, é necessário calcular o custo da mão de obra direta. Para o cálculo, incluem-se somente o salário, os encargos e os benefícios pagos para as pessoas que fabricam diretamente o produto ou executam o serviço, não contando com pessoal de supervisão, administração, engenharia e transporte.

Como calcular o custo da mão de obra direta?

Normalmente, uma indústria é departamentalizada, ou seja, possui vários profissionais atuando em áreas diferentes do processo produtivo e com salários diferentes entre as funções. Monte uma tabela com o valor dos salários de cada um e agrupe por área de operação. Você poderá ter três profissionais, com salários e funções diferentes, trabalhando no setor de montagem, e poderá agrupá-los para o cálculo de custos de mão de obra direta no centro de custos "montagem".

Se a sua empresa tiver poucos profissionais que fazem atividades diferentes, com salários iguais ou não, você poderá calcular um valor global como custo da mão de obra da produção. Isso acontece, em geral, em pequenas empresas que operam com funcionários multifuncionais e pouco volume de produção.

Como calcular os encargos sociais incidentes sobre os salários?

Utilize a Tabela 2 como orientação para desenvolver o cálculo dos encargos sociais e dos benefícios inclusos na folha de pagamento. Caso a sua empresa não tenha se decidido pela tributação Simples, esse mesmo cálculo será utilizado para a apuração do custo da mão de obra direta. Fique atento apenas a um detalhe: as microempresas não costumam pagar benefícios, limitando-se apenas aos casos obrigatórios por legislação, como o vale-transporte. É importante acrescentar que os encargos sociais estão previstos em lei, porém os benefícios

Tabela 2 – Encargos sociais e benefícios sobre salários para empresas que não optaram pelo Simples		
Encargos sociais e benefícios sobre salários	**Base de cálculos**	**Percentual**
Provisão para 13º salário	1/12 sobre o salário-base	8,33%
Adicional de férias	1/3 × 1/12 sobre o salário-base	2,78%
INSS sobre salários	27,8% sobre o salário-base	27,8%
INSS sobre 13º salário	27,8% × 1/12 sobre o salário-base	2,32%
INSS sobre adicional de férias	27,8% × 1/3 × 1/12 sobre o salário-base	0,77%
FGTS	8% sobre o salário-base	8%
FGTS sobre 13º salário	8% × 1/12 sobre o salário-base	0,67%
FGTS sobre adicional de férias	8% × 1/12 × 1/3 sobre o salário-base	0,22%
Provisão para férias	(1/12 + 1/3 × 1/12) sobre o salário-base	11,11%
Indenização trabalhista	3% × 1/12 sobre o salário-base	0,25%
Vale-transporte*	–	–
Vale-refeição**	–	–
Seguro de saúde**	–	–
Total		**62,25%**

* Variável em função do número de conduções que o empregado necessita para chegar ao trabalho e para voltar para casa. É permitido o desconto máximo de 6% do valor do salário-base a título de vale-transporte.
** A critério de cada empresa ou do acordo coletivo com o sindicato da categoria.

podem ser oferecidos espontaneamente como forma de motivação e de incentivo ao trabalhador ou por força de acordo coletivo com o sindicato da categoria.

Se sua empresa tiver optado pelo Simples Nacional, utilize a Tabela 3 como orientação para desenvolver o cálculo dos encargos sociais e benefícios inclusos na folha de pagamento. Você terá uma série de vantagens, embora elas possam não ser tão eficientes se a sua empresa não comercializar produtos para o consumidor final. A tributação Simples foi criada com o objetivo de desonerar as micro e pequenas empresas de uma série de tributos, de forma a aumentar a sua competitividade.

Tabela 3 – Encargos sociais e benefícios sobre salários para empresas que optaram pelo Simples

Encargos sociais e benefícios sobre salários	Base de cálculos	Percentual
Provisão para 13º salário	1/12 sobre o salário-base	8,33%
Adicional de férias	1/3 × 1/12 sobre o salário-base	2,78%
FGTS	8% sobre o salário-base	8%
FGTS sobre 13º salário	8% × 1/12 sobre o salário-base	0,67%
FGTS sobre adicional de férias	8% × 1/12 × 1/3 sobre o salário-base	0,22%
Provisão para férias	(1/12 + 1/3 × 1/12) sobre o salário-base	11,11%
Indenização trabalhista	3% × 1/12 sobre o salário-base	0,25%
Vale-transporte*	–	–
Vale-refeição**	–	–
Seguro de saúde**	–	–
Total		**31,36%**

* Variável em função do número de conduções que o empregado necessita para chegar ao trabalho e para voltar para casa. É permitido o desconto máximo de 6% do valor do salário-base a título de vale-transporte.
** A critério de cada empresa ou do acordo coletivo com o sindicato da categoria.

Imagine que a sua empresa está enquadrada no regime tributário Simples e possui cinco empregados trabalhando em atividades diferentes e com remuneração distinta, porém, distribuídos por três setores produtivos: fabricação de componentes, montagem e embalagem, conforme a Tabela 4. Considere também que a sua empresa gasta R$ 5,00 por dia, por empregado, com vale-transporte.

Tabela 4 – Exemplo de salário-base em função do valor/hora por atividade		
Função	Valor/hora (R$)	Salário-base (R$)
Atividade 1 (fabricação de componentes)	5,00	1.100,00
Atividade 2 (fabricação de componentes)	4,50	990,00
Valor do total de salários-base do setor de fabricação		2.090,00
Atividade 3 (montagem)	3,50	770,00
Atividade 4 (montagem)	4,20	924,00
Valor do total de salários-base do setor de montagem		1.694,00
Atividade 5 (embalagem)	3,30	726,00
Valor do total de salários-base do setor de embalagem		726,00
Valor do total de salários-base		4.510,00

O salário-base é o produto do valor/hora pelo número de horas trabalhadas durante 1 mês. Por força de lei, atribui-se ao número de horas trabalhadas por mês a média de 220 horas. Em seguida, calculam-se os encargos e os benefícios aplicados sobre o salário-base e o valor total da Folha de Pagamento (FOPAG).

Agora, chegou a vez de calcular o custo/hora de cada função, o que inclui o salário-base adicionado dos encargos e dos benefícios médios pagos às áreas produtivas; afinal, estamos falando de mão de obra direta, ou seja, daquelas pessoas que trabalham diretamente na produção.

Tabela 5 – Exemplo de cálculo do total da FOPAG

Encargos e benefícios	Alíquota (%)	Valor (R$)
Provisão para o 13º salário	8,33	375,68
Adicional de férias	2,78	125,39
FGTS	8	360,80
FGTS sobre o 13º salário	0,67	30,21
FGTS sobre adicional de férias	0,22	9,92
Provisão para férias	11,11	501,06
Indenização trabalhista	0,25	11,28
Vale-transporte (5 × R$ 5,00 × 22 dias/mês) ou (4.510,00 × 6%)	Menor valor	270,60
Valor dos encargos e benefícios		**1.684,94**
Percentual dos encargos e benefícios sobre total de salários-base		**37,36%**
Valor total da FOPAG do setor de fabricação	**46,34%**	**2.870,80**
Valor total da FOPAG do setor de montagem	**37,56%**	**2.326,86**
Valor total da FOPAG do setor de embalagem	**16,10%**	**997,28**
Valor total da FOPAG		**6.194,94**

Tabela 6 – Exemplo de cálculo do custo/hora por atividade da mão de obra direta

Função	Valor/hora (R$) 1	Salário-base (R$) (1) × 220 h = 2	Salário total (R$) (2) × 1,3736* = 3	Custo/hora (R$) (3) / 180 h** = 4
Atividade 1	5,00	1.100,00	1.510,95	8,39
Atividade 2	4,50	990,00	1.359,85	7,55
Setor de fabricação	**9,50**	**2.090,00**	**2.870,80**	**15,94**
Atividade 3	3,50	770,00	1.057,66	5,88
Atividade 4	4,20	924,00	1.269,20	7,05
Setor de montagem	**7,70**	**1.694,00**	**2.326,86**	**12,93**
Atividade 5	3,30	726,00	997,23	5,54
Setor de embalagem	**3,30**	**726,00**	**997,23**	**5,54**

* 37,36% de encargos sociais e benefícios aplicados sobre o valor do salário-base.
** 180 horas efetivamente trabalhadas por mês.

Um cuidado especial deve ser tomado, pois, apesar de a legislação trabalhista impor 220 horas de trabalho por mês, uma pessoa trabalha efetivamente, em média, 180 horas por mês. Nas 220 horas propostas pela lei, estão inclusas 40 horas de descanso semanal remunerado.

Agora, imagine que a sua empresa possui a mesma estrutura produtiva do exemplo anterior, ou seja, cinco empregados trabalhando em atividades diferentes e com remunerações diferenciadas, porém distribuídos em três setores produtivos: fabricação de componentes, montagem e embalagem. Considere também que sua empresa gasta por empregado os mesmos R$ 5,00 por dia com vale-transporte e que o total dos salários-base são os mesmos R$ 4.510,00 do exemplo anterior (ver Tabela 4). Entretanto, dessa vez, sua empresa está enquadrada no regime tributário do lucro presumido. Vejamos os resultados do custo/hora e a influência do regime tributário sobre a FOPAG.

Você já comparou o total da FOPAG do exemplo anterior (Tabela 5) com o total da FOPAG deste exemplo (Tabela 7)? Notou a diferença? Pois é, a diferença ocorre em razão da redução da tributação para as empresas que optaram pelo Simples. O único cuidado a ser tomado é que o Simples Nacional possui uma tabela progressiva e a tributação aumenta à medida que aumenta o faturamento da empresa, com alíquotas variando entre 6 e 17,42% para empresas de serviços e entre 4 e 11,61% para empresas industriais e comerciais, para faixas de faturamento anual entre R$ 120.000,00 e R$ 2.400.000,00.

CUIDADO: nem todas as empresas podem estar enquadradas no Simples Nacional.

Observe como fica o cálculo do custo da mão de obra direta com a incidência dos encargos e dos benefícios para a empresa que não optou pelo Simples.

Tabela 7 – Exemplo de cálculo dos encargos e benefícios e aplicação sobre a FOPAG		
Encargos sociais e benefícios	**Alíquota (%)**	**Valor (R$)**
Provisão para o 13° salário	8,33	375,68
Adicional de férias	2,78	125,39
INSS sobre salários	27,8	1.253,78
INSS sobre o 13° salário	2,32	104,63
INSS sobre adicional de férias	0,77	34,73
FGTS	8	360,80
FGTS sobre o 13° salário	0,67	30,21
FGTS sobre adicional de férias	0,22	9,92
Provisão para férias	11,11	501,06
Indenização trabalhista	0,25	11,28
Vale-transporte (5 × R$ 5,00 × 22 dias/mês) ou (4.510,00 × 6%)	Menor valor	270,60
Valor dos encargos e benefícios		**3.078,08**
Percentual dos encargos e benefícios sobre total de salários-base		**68,25%**
Valor total da FOPAG do setor de fabricação	**46,34%**	**3.516,38**
Valor total da FOPAG do setor de montagem	**37,56%**	**2.850,13**
Valor total da FOPAG do setor de embalagem	**16,10%**	**1.221,57**
Valor total da FOPAG		**7.588,08**

Tabela 8 – Exemplo de cálculo do custo/hora por atividade da mão de obra direta				
Função	**Valor/hora (R$) 1**	**Salário-base (R$) (1) × 220 h = 2**	**Salário total (R$) (2) × 1,6825* = 3**	**Custo/hora (R$) (3) /180 h** = 4**
Atividade 1	5,00	1.100,00	1.850,75	10,28
Atividade 2	4,50	990,00	1.665,63	9,25
Setor de fabricação	**9,50**	**2.090,00**	**3.516,38**	**19,53**
Atividade 3	3,50	770,00	1.295,52	7,20
Atividade 4	4,20	924,00	1.554,61	8,64
Setor de montagem	**7,70**	**1.694,00**	**2.850,13**	**15,84**
Atividade 5	3,30	726,00	1.221,57	6,78
Setor de embalagem	**3,30**	**726,00**	**1.221,57**	**6,78**

* 68,25% de encargos sociais e benefícios aplicados sobre o valor do salário-base.
** 180 horas efetivamente trabalhadas por mês.

IMPORTANTE: as micro e pequenas empresas representam 60% do Produto Interno Bruto (PIB) dos países desenvolvidos. No Brasil, representam apenas 20%. (Fecomercio-SP)

Como calcular o rateio das despesas fixas?

Se você fizer uma comparação rápida entre o custo da mão de obra direta das empresas que optaram ou não pelo Simples, perceberá rapidamente uma enorme diferença que influenciará diretamente na composição do preço de venda, conferindo às empresas que optaram pelo Simples uma grande vantagem competitiva. Isso acontece pelo fato de as micro e pequenas empresas precisarem ser protegidas até atingirem um estágio de maturidade para que consigam enfrentar o mercado sozinhas; afinal, as micro e pequenas empresas (MPE) são a base de sustentação econômica de todos os países do mundo.

O próximo passo é calcular o rateio das despesas fixas. É importante salientar que despesas fixas são todos os gastos que não estão envolvidos diretamente na obtenção dos produtos e não variam ou não dependem das quantidades de produtos produzidos ou vendidos. Essa definição pode gerar algumas dúvidas, pois um determinado item pode ser considerado custo para um tipo de empresa e despesa para outro. Imagine uma empresa transportadora: o combustível utilizado pelos caminhões é classificado como custo, pois está envolvido diretamente na execução do serviço prestado, porém, para uma padaria, o combustível utilizado pelos veículos deve ser classificado como despesa, uma vez que não é utilizado diretamente na obtenção do produto.

DICA: outra situação que pode suscitar dúvidas é o caso do consumo de energia elétrica. A parte do consumo utilizada na produção é considerada custo, porém a parte do consumo utilizada nas áreas administrativas é considerada despesa. Como na maioria das empresas é complicado separar o consumo, facilita-se o cálculo classificando os gastos com energia elétrica como despesas fixas. O mesmo ocorre com outros insumos.

Para descobrir as despesas fixas, você precisa acompanhar o comportamento de um plano de contas durante um período, preferencialmente, de 1 ano. Se a sua empresa estiver dando os primeiros passos no mercado, você precisará estimar esse plano de contas e, ao longo do tempo, acurar os números estimados confrontando-os com os números realizados. Para facilitar seu trabalho, utilize o plano de contas de despesas fixas apresentado na Tabela 9 a seguir.

O valor apurado mensalmente no plano de contas das despesas fixas deve ser rateado pelo custo da mão de obra. Em outras palavras, uma vez totalizado o valor da despesa fixa de um determinado mês, você deve dividir esse valor proporcionalmente pelo custo da mão de obra, de forma que as atividades com maiores remunerações recebam valores maiores.

Para você entender melhor essa operação, imagine que sua empresa apresente um total de despesas fixas de R$ 6.200,00 por mês. Se sua empresa se comportar como no exemplo anterior (empresa que optou pelo Simples), no cálculo do custo/hora da mão de obra direta, você certamente encontrará o resultado aplicando a seguinte fórmula:

Fórmula para o cálculo do rateio das despesas fixas pela mão de obra direta
Custo/hora total = (salário total da atividade/total da FOPAG) x total da despesa fixa

Tabela 9 – Plano de contas para controle mensal das despesas fixas						
Descrição	Mês 1	Mês 2	Mês 3	Mês 4	Mês 5	Mês 6
Água						
Energia elétrica						
Manutenção e reparos						
Seguros						
Materiais de limpeza						
Materiais auxiliares						
Taxas e impostos fixos						
Leasing de equipamentos						
Manutenção de veículos						
Despesas com combustíveis						
Material de escritório e impressos						
Telefone, fax e taxas postais						
Publicidade e propaganda						
Associação e sindicato patronal						
Despesas de viagens						
Aluguel de imóveis						
Despesas com lanches e refeições						
Despesas bancárias						
Internet/hospedagem de site						
Investimentos não depreciáveis						
Honorários de escritório contábil						
Assinatura de jornais e revistas						
Salário e encargos de pessoal administrativo						
Depreciação de máquinas e equipamentos						
Pró-labore						
Total mensal das despesas fixas						

Aplicando-se o exemplo para cada atividade da empresa, considerando a empresa enquadrada no Simples e com cinco empregados trabalhando em atividades diferentes e com remunerações diferenciadas, distribuídos por três setores produtivos (fabricação de componentes, montagem e embalagem), você encontrará:

Tabela 10 – Cálculo do rateio da despesa fixa pelo custo da mão de obra direta				
Função	Custo/hora (R$)	Salário total (R$)	Despesa fixa rateada	Custo/hora total (R$)
Atividade 1	8,39	1.510,95	1.512,20	16,80
Atividade 2	7,55	1.359,85	1.360,97	15,12
Setor de fabricação	15,94	2.870,80	2.813,17	31,92
Atividade 3	5,88	1.057,66	1.058,54	11,76
Atividade 4	7,05	1.269,20	1.270,25	14,11
Setor de montagem	12,93	2.326,86	2.328,79	25,87
Atividade 5	5,54	997,23	998,05	11,08
Setor de embalagem	5,54	997,23	998,05	11,08
Total da FOPAG		6.194,93	–	–

É chegada a hora de calcular os gastos com os materiais utilizados, isto é, o custo da matéria-prima. No entanto, se o cliente resolver comprar os materiais à parte e fornecê-los a você em consignação, eles serão faturados diretamente do fornecedor para o cliente. Sua empresa irá recebê-los somente com uma nota fiscal de simples remessa, não podendo incluí-los nos cálculos de custo de matéria-prima. A Tabela 11 facilitará esses cálculos.

Tabela 11 – Cálculo do custo total dos materiais					
Especificação dos materiais	Quantidade	Preço total (R$) (1)	Custo (R$) (2)	Frete (R$) (3)	Custo total (R$) (4)
Material 1					
Material 2					
Material 3					
Material 4					
Material 5					
Custo total de materiais					

(1) Preço bruto do material empregado. Valor total da nota fiscal do fornecedor.
(2) Caso sua empresa esteja enquadrada no regime tributário do Lucro Presumido ou Lucro Real, o custo é calculado descontando-se os valores dos materiais relativos aos impostos, destacados na nota fiscal do fornecedor. Se a sua empresa ou o fornecedor estiver enquadrado no regime tributário Simples, essa operação não poderá ser realizada.
(3) Valor do frete, quando este for cobrado à parte.
(4) Soma do custo e do frete.

Para que você entenda melhor como funciona essa operação, considere que, no exemplo anterior, sua empresa utilizasse dois tipos de matérias-primas na fabricação de um determinado produto e tanto sua empresa quanto o fornecedor estivessem enquadrados no lucro presumido e as duas notas fiscais apresentassem IPI de 10% e ICMS de 18% destacados. Deve-se lembrar que, ao adquirir um produto diretamente de uma indústria, o valor do IPI e do ICMS virá destacado na nota fiscal, mas, se você adquirir o mesmo material de uma empresa comercial, varejista ou atacadista, virá apenas o ICMS destacado na nota fiscal e, nesse caso, você não poderá se beneficiar do crédito de IPI. Analise o exemplo da Tabela 12 para entender melhor esse processo.

Tabela 12 – Exemplo de cálculo do custo total dos materiais					
Especificação dos materiais	Quantidade	Preço total (R$)	Custo (R$)	Frete (R$)	Custo total (R$)
Material 1	20 kg	200,00	144,00	20,00	164,00
Material 2	50 m²	1.000,00	720,00	25,00	745,00
Custo total de materiais					909,00

No entanto, se a sua empresa ou o fornecedor estiver enquadrado no regime tributário Simples, você não terá créditos de impostos para compensar; assim, o custo dos materiais será calculado conforme a Tabela 13, considerando o exemplo.

Tabela 13 – Exemplo de cálculo do custo total dos materiais – empresas que adotam o Simples					
Especificação dos materiais	Quantidade	Preço total (R$)	Custo (R$)	Frete (R$)	Custo total (R$)
Material 1	20 kg	200,00	200,00	20,00	220,00
Material 2	50 m²	1.000,00	1.000,00	25,00	1.025,00
Custo total de materiais					1.225,00

Se a sua empresa for uma prestadora de serviços pura, ou seja, que fornece apenas mão de obra na execução dos serviços, não existe a necessidade desses cálculos. Contudo, se a sua empresa, mesmo sendo uma prestadora de serviços, utilizar algum material ou insumo agregado a esse serviço (por exemplo, uma lavanderia que utiliza sabão em pó), você deverá fazer os cálculos do custo total de materiais ou insumos.

Você não precisará fazer esses cálculos se a sua empresa for uma prestadora de serviços e os insumos agregados ao serviço forem fornecidos pelo cliente (por exemplo, uma empresa retificadora de pisos de madeira com aplicação de resina em que esta é adquirida pelo cliente).

É necessário calcular ainda as despesas variáveis, ou seja, os gastos relacionados à atividade produtiva e que serão maiores ou menores em função das quantidades vendidas. Estão inclusos nessas despesas os impostos sobre vendas, as comissões pagas aos vendedores, os juros do financiamento das vendas e as diárias de pessoal quando em deslocamento para a prestação de um serviço. Os percentuais relativos às despesas variáveis são aplicados sobre o preço de venda do produto ou da mercadoria. Veja na Tabela 14 como é a composição das despesas variáveis de uma empresa.

Tabela 14 – Percentuais das despesas variáveis aplicados sobre o faturamento	
Despesas fixas	Percentuais
Comissão para vendedores	Média anual
Juros para vendas a prazo	Mercado
PIS/Cofins/CSLL/IRPJ (Fat. máx. anual R$ 120.000,00)	7,49%
PIS/Cofins/CSLL/IRPJ (Fat. anual > R$ 120.000,00)	11,33%
Fretes	Média anual
ICMS	Lei estadual
ISSQN	Lei municipal
Diárias de pessoal	Média anual

O que é o mark up?

O último passo é o cálculo do *mark up*, em que entram as despesas variáveis e o lucro. O *mark up* exprime quanto o preço de venda de um determinado produto ou de determinados serviços está acima do custo de produção. Dentro desse percentual, encontram-se as despesas variáveis, os impostos sobre as vendas e o lucro.

Para facilitar o entendimento desse cálculo, observe a Tabela 14 e considere que o *mark up* é a soma dos percentuais relativos às despesas variáveis aplicados sobre o preço de venda, e não sobre o custo. O *mark up* baseia-se em aplicar um percentual sobre um valor que ainda não conhecemos, ou seja, o preço de venda.

Em razão das questões já discutidas anteriormente sobre o valor do preço de venda, aconselha-se desenvolver três cálculos de *mark up* como lucro líquido distinto, abrangendo preços de venda alto, médio e baixo.

Para você entender melhor a questão do *mark up* e das despesas variáveis e como isso influencia o preço de venda, considere que sua empresa está enquadrada no regime tributário do Lucro Presumido e possui um faturamento anual de R$ 230.000,00; pagando, em média, 5% sobre as vendas de comissão para os vendedores e gastando, em média, 2% sobre as vendas em fretes. O cliente solicitou que os valores fossem faturados em 30 dias da data de entrega do serviço e o mercado está cobrando cerca de 3% ao mês de despesas financeiras. O valor do IPI é de 10% para o seu produto, mas esse imposto não entra no preço de venda, pois é destacado à parte na nota fiscal. Isso não se aplica ao ICMS, que, apesar de destacado na nota fiscal, deve, obrigatoriamente, ser incorporado no preço de venda do produto. Para efeito desse exemplo, vamos adotá-lo em 18%.

Tabela 15 – Exemplo de cálculo do *mark up*			
Despesas variáveis + lucro	Alíquotas e percentuais		
	Lucro líquido 10%	Lucro líquido 20%	Lucro líquido 30%
Comissão para vendedores	5%	5%	5%
Juros para vendas a prazo	3%	3%	3%
PIS/Cofins/CSLL/IRPJ (Fat. anual > R$ 120.000,00)	11,33%	11,33%	11,33%
Fretes	2%	2%	2%
Lucro líquido	10%	20%	30%
ICMS	18%	18%	18%
Mark up	**49,33%**	**59,33%**	**69,33%**

Para calcular o preço de venda dos produtos, basta utilizar a fórmula:

Fórmula para o cálculo do preço de venda
Preço de venda = custo total / (1 – *mark up*)

EXEMPLO: cálculo do preço de venda de um produto fabricado sob encomenda.

Agora, vamos supor que sua empresa seja fabricante de produtos estampados sob projeto, com faturamento anual em torno de R$ 380.000,00, enquadrada no Simples e com demais percentuais de despesas variáveis conforme tabela de cálculo de preço de venda. Você recebeu de um cliente uma solicitação de orçamento para fabricar uma "arruela" de ø35 mm (externo), 2 mm de espessura e furo central de ø10 mm com acabamento do furo central por usinagem, o que é um serviço especial para sua empresa. O tamanho do lote solicitado pelo cliente é de 1.000 peças e ele enviará o ferramental necessário para a estampagem. Após alguns cálculos, você chegou à seguinte necessidade de operação:

Tabela 16 – Exemplo do cálculo do preço de venda de um produto feito sob encomenda

Operações	Máquina	Tempo de set up*	Tempo de operação	Custo/hora unitário**	Custo da operação
Cortar tiras de 40 x 2.000 mm	Guilhotina	30 min	2 s	16,80	0,018
Estampar ø externo 35 mm	Prensa 60 T	40 min	8 s	15,12	0,044
Setor de estamparia					**0,062**
Frezar furo central ø 10 mm	Frezadora	15 min	20 s	24,11	0,140
Setor de usinagem					**0,140**
Embalar	Blister	15 min	5 s	13,22	0,022
Setor de embalagem					**0,022**
Custo total de mão de obra unitário					**0,224**

Especificação dos materiais	Quant.	PT (R$)	F (R$)	CT (R$)	CU (R$)
Chapa de aço 2.000 x 1.000 x 2	0,025 kg	200,00	2,00	202,00	0,16
Caixa de papelão (200 peças/ caixa)	1 unidade	5,00	0,50	5,50	0,03
Custo total de materiais					**0,19**

Despesas variáveis + lucro	Alíquotas e percentuais		
	Lucro líquido 10%	Lucro líquido 20%	Lucro líquido 30%
Comissão para vendedores	5%	5%	5%
Juros para vendas a prazo	3%	3%	3%
Simples	8,04%	8,04%	8,04%
Fretes	2%	2%	2%
Lucro líquido	10%	20%	30%
Mark up	**28,04%**	**38,04%**	**48,04%**

Despesas variáveis + lucro	Alíquotas e percentuais		
	Lucro líquido 10%	Lucro líquido 20%	Lucro líquido 30%
Cálculo do preço de venda			
Custo total de mão de obra	0,22	0,22	0,22
Custo de matéria-prima e embalagem	0,19	0,19	0,19
Custo industrial	**0,41**	**0,41**	**0,41**
Lucro líquido	10%	20%	30%
(1 - mark up)	71,96%	61,96%	51,96%
Preço de venda	**R$ 0,57**	**R$ 0,66**	**R$ 0,79**

* Tempo de preparação de máquina: deve ser dividido pelo tamanho do lote.
** Inclui salários, encargos e despesas fixas rateadas.

EXEMPLO: cálculo do preço de venda de um serviço prestado sob encomenda.

Agora, suponha que sua empresa seja uma prestadora de serviços de impermeabilização de pisos, com faturamento anual em torno de R$ 380.000,00, enquadrada no Simples Nacional (ISSNQ incluso) e com demais percentuais de despesas variáveis, conforme tabela de cálculo de preço de venda. Você recebeu de um cliente uma solicitação de orçamento de impermeabilizar uma área de 200 m² com proteção dupla, o que é um serviço especial para sua empresa. O impermeabilizante será adquirido à parte pelo cliente. Após algumas observações e medições que você efetuou no local, chegou à seguinte necessidade de operação:

Tabela 17 – Exemplo do cálculo do preço de venda de um serviço prestado sob encomenda			
Operações	Número de pessoas	Tempo de operação	Custo/hora unitário*	Custo da operação
Preparação do piso	2	10 h	16,80	336,00
Aplicação de selador	1	30 h	15,12	453,60
Aplicação de impermeabilizante (1ª demão)	1	20 h	11,76	235,20
Aplicação de impermeabilizante (2ª demão)	1	20 h	14,11	282,20
Limpeza geral	2	6 h	8,08	96,96
Custo total de mão de obra				1.403,96

	Alíquotas e percentuais		
Despesas variáveis + lucro	Lucro líquido 10%	Lucro líquido 20%	Lucro líquido 30%
Comissão para vendedores	5%	5%	5%
Juros para vendas a prazo	3%	3%	3%
Simples	11,31%	11,31%	11,31%
Fretes	2%	2%	2%
Lucro líquido	10%	20%	30%
Diárias de pessoal	2%	2%	2%
Mark up	33,31%	43,31%	53,31%
Cálculo do preço de venda			
Custo total de mão de obra	1.403,96	1.403,96	1.403,96
Lucro líquido	10%	20%	30%
(1 - mark up)	66,69%	56,69%	46,69%
Preço de venda	R$ 2.105,20	R$ 2.476,56	R$ 3.006,98

* Inclui salários, encargos e despesas fixas rateadas.

■ PARA REFLETIR

1. O tamanho de um lote influencia o preço de venda de um produto fabricado sob encomenda? Experimente calcular o preço de venda das arruelas para um lote de 500 peças.
2. Por que algumas empresas estipulam um lote mínimo de fabricação quando se trata de produtos sob encomenda?

AULA 4

DETERMINAÇÃO DO PREÇO DE VENDA – PRODUTOS *COMMODITIES*

OBJETIVOS DESTA AULA

- Diferenciar os produtos *commodities* dos produtos fabricados sob encomenda ou especiais e identificar as diferenças na composição dos preços de venda de cada tipo;
- apresentar a composição do preço de venda dos produtos *commodities* ou fabricados em larga escala.

Bem, vamos à aula!

Antes de iniciarmos, é bom que você faça uma revisão da aula anterior, pois muitos conceitos explicados lá serão reutilizados aqui. Na verdade, poucas coisas diferem no cálculo do preço de venda dos produtos fabricados sob encomenda ou em pequenas séries dos produtos fabricados em larga escala ou *commodities*. Os produtos fabricados sob encomenda

Que tal fazer uma revisão nos conceitos já aprendidos?

O que são *commodities*?

necessitam de um tempo para preparação, ao passo que os produtos *commodities* dispensam esse trabalho.

Em geral, os produtos *commodities* são fabricados em larga escala, possuem baixo valor agregado e são produzidos com tecnologias amplamente conhecidas. O fabricante do *commodity* prefere trabalhar com baixos preços unitários, pequenas margens de lucro e ganhar na escala de produção. Aparentemente, trabalhar com *commodities* é mais fácil, pois não requer muita criatividade nem esforços para atender ao cliente, seguindo a regra do "se quer, quer; se não quer, tem quem queira". No entanto, ao optar por trabalhar com *commodities*, você tentará entrar em um mercado altamente competitivo, em que somente as grandes empresas conseguem se dar bem.

ATENÇÃO: lembre-se da competitividade antes de optar por trabalhar com *commodities*.

Como exposto na aula anterior, o preço de venda dos produtos *commodities* também é definido pelo mercado, ou seja, a estratégia de precificação dependerá do cliente e do relacionamento que sua empresa mantém com ele. Assim, é necessário desenvolver a mesma análise detalhada sobre os concorrentes e sobre como é o comportamento deles no mercado. Para tanto, não saia contratando empresas de marketing consideradas *top* pelo mercado; afinal, você ainda é o treinador de um time pequeno e com pouco dinheiro. Você até gostaria de ter o Ganso ou o Neymar no seu time, mas, por enquanto, isso é inviável. Procure encarregar-se de fazer a pesquisa sobre os concorrentes, de acordo com o que foi demonstrado na Aula 2. Não se esqueça de que, para completar a sua pesquisa de mercado, você também necessita olhar os clientes e buscar informações sobre o comportamento deles. Para pesquisar tanto os concorrentes quanto os clientes, você poderá utilizar as tabelas apresentadas na Aula 2.

No caso dos produtos *commodities*, você precisará fazer os mesmos cálculos que utilizou em produtos sob encomenda, porém os fará apenas uma vez e depois encontrará uma base de cálculo e desenvolverá os orçamentos apoiados pela base utilizada.

Pense no exemplo da aula anterior, aquele da empresa fabricante de arruelas estampadas. Se o produto solicitado fosse um *commodity*, qualquer que fosse o cliente ou o tipo de arruela, o processo seria sempre o mesmo: ao invés de a arruela solicitada ser um produto especial, ela seria comum, ou seja, a empresa fabricaria a arruela normalmente e revenderia para atacadistas e varejistas do setor de ferramentas. Nesse caso, o cálculo do preço seria exatamente o mesmo, mas você o executaria somente uma vez, determinando uma base de referência. Como o produto é sempre executado em chapas de aço estampadas, uma base de referência aconselhável é o peso. Assim, se você tivesse optado pelo preço de R$ 0,66 (lucro líquido de 20%) para cada arruela de 0,025 kg produzida, você poderia adotar como base de cálculo R$ 26,40/kg de arruela e não necessitaria calcular tudo novamente nos demais orçamentos, bastando saber a quantidade de arruelas a ser fornecida e o peso do lote e multiplicar pela base de cálculo (R$ 26,40/kg).

Agora, vamos usar a mesma condição do exemplo anterior, em que a sua empresa é um fabricante de arruelas estampadas, com faturamento anual em torno de R$ 380.000,00, enquadrada no Simples e com demais percentuais de despesas variáveis conforme tabela de cálculo de preço de venda. Você recebeu de um cliente uma solicitação de orçamento para a fabricação de 12.000 arruelas, com entrega programada de 1.000 arruelas/mês. As arruelas solicitadas são consideradas um produto comum (*commodity*) da sua empresa. Nesse caso, o ferramental já lhe pertence e os tempos de preparação devem ser desprezados, já que a empresa produz regularmente esse tipo de produto para vender para diversos clientes. Assim, você chegou à necessidade de operação da Tabela 1.

Agora, imagine uma empresa de prestação de serviços de impermeabilização de pisos. Se o serviço solicitado fosse um *commodity*, qualquer que fosse o cliente ou o tipo de piso, a impermeabilização seria processada sempre da mesma maneira. Nesse caso, você executaria o cálculo somente uma vez, determinando uma base de referência.

No caso da empresa de impermeabilização de pisos, o serviço é sempre executado sobre uma superfície – uma base de referência aconselhável é a área. Assim, se você tivesse optado pelo preço de R$ 2.476,56 (lucro líquido de 20%) para um serviço de impermeabilização em uma área de 200 m², poderia adotar como base de cálculo R$ 12,38/m² e, nos demais orçamentos, não necessitaria calcular tudo novamente, bastando medir a área a ser impermeabilizada e multiplicar o valor encontrado pela base de cálculo (R$ 12,38/m²).

Que tal este desafio? Experimente desenvolver o mesmo raciocínio para a empresa de impermeabilização, mas considerando que ela não é optante do Simples Nacional e a localidade onde está instalada, cuja alíquota de ISSQN (Imposto sobre Serviços de Qualquer Natureza) é de 5%. Utilize as planilhas disponíveis no site www.manoleeducacao.com.br/licoesdegestao.

Tabela 1 – Exemplo do cálculo do preço de venda de um produto *commodity*					
Operações	**Máquina**	**Tempo de set up***	**Tempo de operação**	**Custo/hora unitário****	**Custo da operação**
Cortar tiras de 40 × 2.000 mm	Guilhotina	–	2 s	16,80	0,009
Estampar ø externo 35 mm	Prensa 60 T	–	8 s	15,12	0,034
Setor de estamparia	–	–	–	–	**0,043**
Frezar furo central ø 10 mm	Frezadora	–	20 s	24,11	0,134
Setor de usinagem	–	–	–	–	**0,134**
Embalar	Blister	–	5 s	13,22	0,018
Setor de embalagem	–	–	–	–	**0,018**
Custo total de mão de obra unitário					**0,195**
Especificação dos materiais	**Quant.**	**PT (R$)**	**F (R$)**	**CT (R$)**	**CU (R$)**
Chapa de aço 2.000 x 1.000 x 2	0,025 kg	200,00	2,00	202,00	0,16
Caixa de papelão (200 peças/caixa)	1 unidade	5,00	0,50	5,50	0,03
Custo total de materiais					**0,19**

	Alíquotas e percentuais		
Despesas variáveis + lucro	Lucro líquido 10%	Lucro líquido 20%	Lucro líquido 30%
Comissão para vendedores	5%	5%	5%
Juros para vendas a prazo	3%	3%	3%
Simples	8,04%	8,04%	8,04%
Fretes	2%	2%	2%
Lucro líquido	10%	20%	30%
Mark up	**28,04%**	**38,04%**	**48,04%**
	Alíquotas e percentuais		
Despesas variáveis + lucro	Lucro líquido 10%	Lucro líquido 20%	Lucro líquido 30%
Cálculo do preço de venda			
Custo total de mão de obra	0,20	0,20	0,20
Custo de matéria-prima e embalagem	0,19	0,19	0,19
Custo industrial	**0,39**	**0,39**	**0,39**
Lucro líquido	10%	20%	30%
(1 - *mark up*)	71,96%	61,96%	51,96%
Preço de venda	**R$ 0,54**	**R$ 0,63**	**R$ 0,75**
Preço de venda por kg de produto	**R$ 21,60**	**R$ 25,20**	**R$ 30,00**

* Tempo de preparação de máquina deve ser dividido pelo tamanho do lote.
** Inclui salários, encargos e despesas fixas rateadas.

■ **PARA REFLETIR**

1. O que aconteceria com o preço de venda se o tamanho do lote aumentasse indefinidamente?
2. Quais são as principais vantagens da produção em larga escala contra a produção sob encomenda? E as desvantagens?

AULA 5

DETERMINAÇÃO DO PREÇO DE VENDA PELA MARGEM DE CONTRIBUIÇÃO

OBJETIVOS DESTA AULA

- Definir o que é margem de contribuição;
- apresentar o cálculo do preço de venda dos produtos por meio da margem de contribuição.

Bem, vamos à aula!

Provavelmente, você já ouviu falar em margem de contribuição. Mas qual é a influência desse termo no preço de venda dos produtos e serviços da sua empresa? Já analisamos várias formas de compor o preço de venda e, agora, aprenderemos a fazer esse cálculo baseado na "margem de contribuição".

O que é margem de contribuição?

É indicado calcular o preço de venda com base na margem de contribuição no caso de a empresa produzir vários tipos de produtos, mas todos em série ou em larga escala. Você se recorda da definição de "margem de contribuição"? O quadro abaixo traz essa definição.

> *Margem de contribuição é a diferença entre a receita e o custo variável de cada produto. É o valor que cada unidade efetivamente traz à empresa referente à diferença entre sua receita e seu custo e que lhe pode ser imputado sem erro.*

CUIDADO: não confunda margem de contribuição com margem de lucro.

A definição é bastante clara, mas nunca é demais fazer um alerta: cuidado para não confundir margem de contribuição com margem de lucro. Muita gente faz essa confusão, provavelmente porque uma está bem próxima da outra.

Outra definição que precisa ser sedimentada é a de ponto de equilíbrio, também chamado de ponto de ruptura ou *break-even point*, que é a conjunção dos custos totais com as receitas totais. Você poderá dizer que a empresa atingiu seu ponto de equilíbrio quando as receitas totais equalizarem os custos e as despesas totais.

O que é ponto de equilíbrio?

> **DICA:** a grande vantagem para uma empresa que conhece bem seu ponto de equilíbrio está na estratégia de vendas que adota. A empresa pode aproveitar para fazer uma promoção de vendas e desovar algum estoque depois de atingir o ponto de equilíbrio.

O ponto de equilíbrio deve ser calculado por meio da seguinte fórmula:

Fórmula para o cálculo do ponto de equilíbrio em valores

Ponto de equilíbrio = $\dfrac{\text{Custos + despesas fixas}}{\text{Margem de contribuição total (ponderada)}} \times 100$

Você também pode estimar o ponto de equilíbrio por meio de indicação gráfica, conforme a Figura 1.

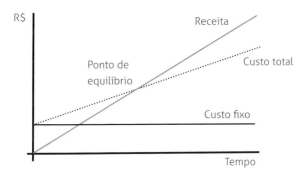

FIGURA 1 Gráfico do ponto de equilíbrio.

Você ainda pode calcular o percentual de vendas que terá de atingir para não ter prejuízo nem lucro. Para tanto, basta utilizar a fórmula seguinte:

Fórmula para o cálculo do ponto de equilíbrio em percentual

Ponto de equilíbrio em % = $\dfrac{\text{Ponto de equilíbrio em valor}}{\text{Faturamento possível}} \times 100$

É imprescindível que você trabalhe com estimativas de volumes de produção e de vendas, pois a rentabilidade somente ocorre a partir de certo volume de vendas. De nada adianta a empresa estabelecer uma margem de lucro desejada por produto, se não alcançar esse volume de vendas preestabelecido.

Imagine agora uma confecção de vestuários masculinos que fornece três tipos de produtos: bermudas, calças e camisas. Os três tipos de produtos oferecidos são produzidos em série, considerados *commodities*, e podem ser cobrados com base em unidades de referência.

A empresa objetiva um faturamento de R$ 70.000,00 mensais, estimado em função dos custos e das despesas fixas mensais, que chegam em torno de R$ 25.000,00, e da margem de lucro, na qual se espera operar com 15% de lucro líquido. A composição da receita dos custos obedece a tabela abaixo.

Tabela 1 – Exemplo de cálculo do ponto de equilíbrio e margem de contribuição						
Tipo de produto	Receita estimada mensal (R$)	Preço de venda	Produção mensal (unidade)	Margem de contribuição (%)	Margem de contribuição (R$)
Bermudas	28.093,47	10,03	2.800	20,35	14.246,20
Calças	25.401,48	8,61	2.950	18,40	12.881,09
Camisas	16.505,05	13,31	1.240	11,96	8.372,71
Total	**70.000,00**			**50,71**	**35.500,00**

Calculando-se o ponto de equilíbrio, tem-se:

$$\text{Ponto de equilíbrio} = \frac{R\$\ 25.000,00}{50,71} \times 100 = R\$\ 49.299,94$$

Em outras palavras, pode-se dizer que o ponto de equilíbrio é atingido quando a receita atingir R$ 49.299,94.

A grande vantagem de se calcular o preço de venda com base na margem de contribuição está no fato de a empresa identificar, o tempo todo, as necessidades de venda e poder ajustar o preço dos produtos e serviços à medida que o *mix* de vendas dos produtos e serviços varia.

Observando-se o exemplo, pode-se afirmar que, ao mesmo tempo em que a empresa vende um maior volume de um determinado produto, ela pode diminuir os preços dos outros tipos de produtos sem afetar a receita estimada ou o percentual de lucro esperado. Quanto maior a margem de contribuição de um determinado produto, maior será sua influência no comportamento dos preços. O mesmo raciocínio pode ser utilizado na situação inversa, ou seja, se um produto qualquer vender menos do que o esperado, ajustam-se os preços dos outros produtos de forma a manter a estimativa de receita.

Pela margem de contribuição, pode-se formular a estratégia de vendas dando mais ênfase nas campanhas para os produtos que representam maior margem de contribuição, pois as receitas desses produtos farão com que a empresa atinja seu ponto de equilíbrio mais rapidamente e, assim, se posicione com maiores vantagens competitivas no mercado.

O maior detalhe do cálculo do preço de venda pela margem de contribuição é que os produtos de maior faturamento absorvem a maior parte do custo fixo.

> ATENÇÃO: quanto maior a margem de contribuição do produto, maior a sua influência no comportamento dos preços.

- **PARA REFLETIR**
    1. Por que só é possível calcular o preço de venda com base na margem de contribuição para *commodities*?
    2. Você acredita que a partir do conhecimento do ponto de equilíbrio e da margem de contribuição é mais fácil definir estratégias de vendas? Por quê?

AULA 6

CÁLCULO DO PREÇO DE VENDA PELO ESTOQUE MÉDIO

OBJETIVOS DESTA AULA

- Apresentar a formação do preço de venda das mercadorias baseada no cálculo do valor médio dos estoques;
- determinar para quais tipos de empresas o cálculo do preço de venda pelo valor médio dos estoques é mais adequado.

Bem, vamos à aula!

Desde a época da Administração Científica, no início do século XX, Taylor e seus seguidores tinham a ideia dos efeitos do estoque de produtos e mercadorias sobre os preços de venda, mas, somente na década de 1970, é que os japoneses revolucionaram a administração mundial com o sistema *just-in-time*, cujo principal pilar de sustentação é o uso de estoques reduzidos.

Por que as empresas fazem estoques?

É bem verdade que as empresas fazem estoque por falta de confiança nos prazos de entrega dos fornecedores. Para você entender melhor essa questão, basta pensar na resposta à seguinte pergunta: por que as pessoas possuem caixa d'água nas suas residências?

A resposta parece óbvia: porque não confiam no serviço de água do município. Caso contrário, economizariam bons recursos não instalando a caixa d'água e seus acessórios.

> **DICA:** independentemente da confiança no fornecedor, existe uma categoria de empresas para as quais o estoque é uma condição quase de sobrevivência. Para essas empresas, vale a máxima "o segredo de vender bem é comprar bem". Essas são as empresas comerciais.

Nas empresas comerciais, seja atacado ou varejo, a gestão dos estoques é condição básica de sobrevivência; por isso, administrá-los bem pode ser uma vantagem competitiva importantíssima, pois dá à empresa a possibilidade de oferecer os melhores preços de venda.

Como você já deve ter percebido, estabelecer um preço de venda não é uma tarefa simples, que envolve apenas alguns cálculos rápidos. No caso das empresas comerciais, o valor dos estoques é um item dos mais representativos, incluindo-se o cálculo do valor médio e o giro dos estoques.

A forma mais adequada para uma empresa de comércio puro, ou seja, que realiza unicamente a atividade mercantilista – compra e venda de mercadorias –, é calcular o preço de venda por meio da margem de contribuição combinado com uma pesquisa de preços das mercadorias semelhantes ofertadas pelos concorrentes; porém, o custo das mercadorias deve ser formado pelo valor médio dos estoques.

Em épocas de pressão inflacionária, a determinação do custo das mercadorias pelo valor médio dos estoques é condição básica de sobrevivência e competitividade das empresas comerciais. Durante os anos 1980, em que a inflação ficou descontrolada no Brasil, muitos comerciantes conseguiram expandir seus negócios e ganhar muito dinheiro utilizando-se desses métodos de valorização dos estoques.

Existem duas formas de calcular o valor dos estoques aceitos pela legislação tributária: preço médio ponderado móvel e PEPS (primeiro que entra, primeiro que sai).

Preço médio ponderado móvel

Nesse método, você manterá um controle constante dos seus estoques, atualizando os valores pelo custo médio após cada nova aquisição, dividindo o valor total do estoque pela quantidade de mercadorias já existentes nele.

Sempre que novas mercadorias são adquiridas com preços diferentes daqueles existentes no estoque, também ocorre uma variação no custo da mercadoria a ser retirada do mesmo estoque. O custo unitário da mercadoria varia cada vez que há uma compra e, por essa razão, esse método é denominado "móvel".

Está confuso? Então, vamos analisar uma Ficha de Controle de Estoques, com o preço médio ponderado móvel sendo calculado durante 1 mês. Observe que a cada movimentação do estoque, seja com entradas ou saídas de mercadoria, o valor médio unitário dos saldos é alterado. É evidente que essa alteração ocorre somente se as mercadorias adquiridas (entradas) tiverem preços diferentes das mercadorias existentes no estoque.

Como funciona o método do preço médio ponderado móvel?

Tabela 1 – Exemplo de cálculo do preço médio ponderado móvel									
ITEM: Produto XYZ									
	Entradas			Saídas			Saldos		
Data	Quantidade	Custo unitário (R$)	Custo total (R$)	Quantidade	Custo unitário (R$)	Custo total (R$)	Quantidade	Custo total (R$)	Custo médio unitário (R$)
01/08	05	45,00	225				05	225,00	45,00
04/08				02	45,00	90,00	03	135,00	45,00
11/08	20	50,00	1.000,00				20	1.000,00	
							23	1.135,00	49,35
14/08				03	49,35	148,05			
				07	49,35	345,45			
				10	49,35	493,50	13	641,55	49,35
21/08	06	55,00	330,00				06	330,00	
							19	971,55	51,13
30/08				13	51,13	664,69			
				04	51,13	204,52			
				17	51,13	869,21	02	102,26	51,13
				Custo das mercadorias vendidas		1.452,71			

PEPS – Primeiro que entra, primeiro que sai

Como funciona o método PEPS?

Se você optar por esse critério, as mercadorias serão custeadas pelos preços mais antigos, com os mais recentes sendo mantidos em estoque. Há uma tendência na utilização desse método, pois, nesse caso, as mercadorias são avaliadas por um custo menor que o custo médio, tomando-se por base uma situação normal de preços crescentes.

Com a aplicação da metodologia PEPS, você utilizará sempre o menor valor das mercadorias existentes nos estoques. As mercadorias estocadas, avaliadas por preços maiores, serão apropriadas para vendas futuras, quando você poderá obter um preço de venda maior.

Como as baixas no estoque no método PEPS são efetuadas pela ordem das entradas das mercadorias, os saldos serão sempre considerados pelas últimas entradas, o que implica supervalorização dos estoques, mantendo o saldo sempre com os valores atualizados.

Você entenderá melhor a metodologia PEPS se analisar detalhadamente a Ficha de Controle de Estoques, já utilizada no método do preço médio ponderado móvel discutido no exemplo anterior.

Tabela 2 – Exemplo de cálculo do preço médio pelo método PEPS

ITEM: Produto XYZ

Data	Entradas			Saídas			Saldos		
	Quantidade	Custo unitário (R$)	Custo total (R$)	Quantidade	Custo unitário (R$)	Custo total (R$)	Quantidade	Custo unitário (R$)	Custo total (R$)
01/08	05	45,00	225,00				05	45,00	225,00
04/08				02	45,00	90,00	03	45,00	135,00
11/08	20	50,00	1.000,00				20	50,00	1.000,00
							23	–	1.135,00
14/08				03	45,00	135,00	0	45,00	0,00
				07	50,00	350,00	13	50,00	650,00
21/08	06	55,00	330,00				06	55,00	330,00
							19	–	980,00
30/08				13	50,00	650,00	0	50,00	0,00
				04	55,00	220,00	2	55,00	110,00
							02	102,26	110,00
				Custo das mercadorias vendidas		1.445,00			

Exemplo de cálculo do preço de venda pela combinação da margem de contribuição e do valor médio de estoque.

Agora, imagine que sua empresa seja um comércio varejista de alimentos, trabalhando com cinco tipos de mercadorias: presunto, queijo mozarela, queijo prato, mortadela e salame. A empresa objetiva um faturamento de R$ 270.000,00 mensais, estimado em função dos custos e despesas fixas mensais, que giram em torno de R$ 35.000,00, e da margem de lucro, esperada em 25% de lucro líquido. Os preços de venda foram fixados a partir de uma pesquisa dos concorrentes. A composição da receita dos custos obedece à Tabela 3.

Tipo de produto	Receita estimada mensal (R$)	Custo médio da mercadoria (R$/kg)	Preço de venda	Venda estimada mensal (kg)	Margem de contribuição (%)	Margem de contribuição (R$)
Presunto	35.640,00	8,32	16,20	2.200	5,01	13.528,94
Queijo prato	29.250,00	10,40	19,50	1.500	4,11	11.105,30
Queijo mozarela	58.500,00	9,80	19,50	3.000	8,23	22.208,60
Mortadela	70.750,00	16,30	28,30	2.500	9,95	26.858,70
Salame	75.860,00	19,45	37,93	2.000	10,66	28.798,46
Total	270.000,00				37,96	102.500,00

Tabela 3 – Exemplo de cálculo do ponto de equilíbrio e margem de contribuição

A maior vantagem para uma empresa comercial utilizar a margem de contribuição como base para a estimativa do preço de venda reside no fato de que, ao perceber que um determinado produto está vendendo mais que o estimado, é possível recalcular rapidamente as margens e oferecer melhores preços nos demais produtos, aproveitando o momento para "desovar" estoques.

A partir do conhecimento desse mecanismo combinado de definição do preço de venda, você poderá entender melhor como funcionam as famosas liquidações relâmpagos ofertadas pelos grandes varejistas.

Pense nisso e tire suas próprias conclusões.

■ PARA REFLETIR

1. Por que a forma mais adequada para uma empresa comercial determinar o preço de venda é a combinação do cálculo da margem de contribuição e de uma pesquisa dos preços ofertados pelos concorrentes para mercadorias semelhantes?
2. Quais são as principais diferenças entre o método do preço médio ponderado móvel e o PEPS?

AULA 7

ESTUDO DIRIGIDO

OBJETIVOS DESTA AULA

- Ensinar a prática do cálculo do preço de venda utilizando dados de uma empresa hipotética;
- oferecer os primeiros passos para a utilização das planilhas Excel® oferecidas pelo curso.

Bem, vamos à aula!

Como você deve ter percebido, estabelecer um preço de venda não é uma tarefa simples, que envolve apenas alguns cálculos rápidos. Na verdade, estabelecer o preço de venda é um processo de busca de informação, cálculos e análises.

Para facilitar sua tarefa, veja as planilhas em Excel® no *site* www.manoleeducacao.com.br/licoesdegestao, que você pode acessar utilizando o *login* e a senha que você recebeu com este livro. Abrindo o arquivo, você irá se deparar com uma série de planilhas, todas interligadas.

Para que você absorva bem os conceitos de preço de venda, vamos trabalhar três estudos dirigidos.

Estudo dirigido 1: Qualimetal Indústria Metalúrgica Ltda.

Qualimetal Indústria e Metalúrgica Ltda., fabricante de painéis metálicos para aparelhos eletroeletrônicos sob encomenda, instalada na Incubadora de Empresas de Itu e cadastrada no regime tributário Lucro Presumido.

A empresa recebeu um pedido de orçamento para a fabricação, sob encomenda, de 3.000 painéis metálicos da Micrologic.

Utilizando as planilhas Excel® disponíveis no *site* www.manoleeducacao.com.br/licoesdegestao, resolva este exercício calculando os preços de venda para a solicitação do cliente e escolhendo o preço mais adequado para a situação.

N.	Cálculo do preço de venda

1. Caracterização do produto

Denominação	N. do projeto/desenho
Painel frontal	00353-B-2020

Utilização

Amplificador MDX 4400 – Micrologic

Elaborado por:	Data	Aprovado por:	Data	Emissão	Edição	Folhas
MRC	20/06/2010	CAS	20/06/2010	20/06/2010	1	1/5

2. Caracterização do cálculo

Tipo de produção		Condições de fornecimento	
Sob encomenda	☐	Condições de pagamento	30 ddl
Séries sob encomenda	☐	Tamanho do lote	3.000 peças
Séries em larga escala	☐	Prazo de entrega	20 dias
Contínua	☐	Programação mensal	Lote único
		Local de entrega	FOB
		Necessidade de projeto	Não

3. Caracterização do cliente

Cliente: Micrologic Eletrônica Ltda.

Endereço: Avenida dos Bandeirantes		N. 920	Compl.:
Bairro: Aeroporto	Cidade: São Paulo		CEP:
Contato: Eduardo Rodrigues			TEL.: (11) 3549-4262

4. Base do cálculo *mark up*

Alíquotas tributárias		Premissas comerciais	
Simples	–	Comissão para vendedores	5%
ICMS	18%	Juros para vendas a prazo	3%
IPI	10%	Fretes	–
PIS/Cofins/CSLL/IRRF	11,33%	Diárias de pessoal	–
ISSQN	–	Políticas de venda	–

5. Cálculo do *mark up* em função do lucro líquido

Lucro líquido pretendido – 10%	Lucro líquido pretendido – 25%
Lucro líquido pretendido – 15%	Lucro líquido pretendido – 30%
Lucro líquido pretendido – 20%	Lucro líquido pretendido – 35%

6. Definição dos custos

Custo dos materiais e serviços de terceiros

Custo da mão de obra

7. Definição do preço de venda

Preço de venda – lucro 10%	Preço de venda – lucro 30%
Preço de venda – lucro 15%	Preço de venda – lucro 35%
Preço de venda – lucro 20%	PV Concorrente
Preço de venda – lucro 25%	PV Clientes

8. Observações

PV: preço de venda.

Análise do preço de venda

1. Análise do mercado concorrente

Quesitos analisados	Peso	Nelco®	Thomaz	Metalca	Elibrás	Estamptec
1. Qualidade	14	4	4	3	2	3
2. Prazo de entrega	10	4	4	3	3	4
3. Tempo de garantia	1	5	5	5	5	5
4. Condições de pagamento	11	3	4	4	3	3
5. Ponto de venda	2	2	5	4	3	2
6. Políticas de desconto	8	2	3	3	2	4
7. Reputação da marca	3	4	4	3	3	3
8. Participação no mercado	4	3	5	4	2	2
9. Apelo ambiental	5	1	2	1	1	2
10. Perfil de reação	6	4	3	4	4	3
11. Tecnologia utilizada	12	4	5	4	3	3
12. Tempo de mercado	7	5	5	4	4	3
13. Nível de concorrência	9	3	4	3	3	3
14. Política de preços	13	4	4	4	4	4
Pontuação total						
Preço praticado						

2. Análise dos clientes

Quesitos analisados	Peso	Micrologic®				
1. Exigências de qualidade	13	5				
2. Prazo de entrega	14	5				
3. Garantia solicitada	1	2				
4. Como gosta de pagar	12	4				
5. Potencial de compra	7	5				
6. Políticas de compra	11	3				
7. Segmento de mercado	3	4				
8. Participação no mercado	4	4				
9. Demanda ambiental	2	3				
10. Relação com fornecedor	10	4				
11. Tecnologia necessária	6	4				
12. Reputação	5	3				
13. Documentação exigida	8	4				
14. Localização	9	2				
Pontuação total						
Preço que está pagando						

3. Preço-base recomendado

Preço referência da concorrência

Preço referência pago pelos clientes

4. Observações

Como se trata de um produto fabricado sob encomenda, não é necessário o preenchimento da tabela referente à análise de vários clientes.

Cálculo do custo e despesas fixas

1. Plano de contas

Descrição das contas	Dez.	Jan.	Fev.	Março	Abril	Maio
Água	–	–	–	–	–	–
Energia elétrica	750,00	782,00	735,00	754,00	728,00	755,00
Manutenção e reparos	158,00	170,00	125,00	130,00	92,00	110,00
Seguros	75,00	75,00	75,00	75,00	75,00	75,00
Materiais de limpeza	55,00	50,00	20,00	60,00	58,00	43,00
Materiais auxiliares	100,00	100,00	100,00	100,00	100,00	100,00
Taxas e impostos fixos	–	–	–	–	–	–
Leasing de equipamentos	–	–	–	–	–	–
Manutenção de veículos	–	–	–	–	–	–
Despesas com combustíveis	450,00	480,00	480,00	520,00	470,00	510,00
Material de escritório	135,00	150,00	142,00	125,00	130,00	112,00
Telefone, fax e taxas postais	457,20	463,40	425,34	450,12	461,25	456,55
Publicidade e propaganda	–	–	–	–	–	–
Associação patronal	–	–	–	–	–	–
Despesas de viagens	680,00	640,00	685,00	670,00	620,00	680,00
Lanches e refeições	–	–	–	–	–	–
Despesas bancárias	–	–	–	–	–	–
Internet	30,00	30,00	30,00	30,00	30,00	30,00
Investimentos não depreciáveis	–	–	–	–	–	–
Escritório contábil	250,00	250,00	250,00	250,00	250,00	250,00
Jornais e revistas	–	–	–	–	–	–
Ferramentas de consumo	400,00	400,00	400,00	400,00	400,00	400,00
Depreciação	4.058,83	4.058,83	4.058,83	4.058,83	4.058,83	4.058,83
Pró-labore	3.450,00	3.450,00	3.450,00	3.450,00	3.450,00	3.450,00
Rateio da incubadora	350,00	350,00	350,00	350,00	350,00	350,00
Total mensal						

2. Valor de rateio

Valor médio dos custos e despesas fixas a ser rateado no custo da mão de obra direta

3. Cálculo dos benefícios sobre a folha de pagamento

Tipo de benefício	N. de empregados	Valor	N. de dias	Valor total	Obs.
Vale-transporte		6,00			
Vale-refeição		8,00			
Seguro de vida		35,00			
Plano de saúde		50,00			

4. Cálculo dos salários do pessoal administrativo

Função	GS	Salário-base	Encargos	Salário total	Obs.
Auxiliar de escritório	1	950,00			
Supervisor de produção	1	2.000,00			
Desenhista/Projetista	1	1.200,00			
Total mensal					

GS: grupo de serviço (quantas pessoas realizam a mesma atividade).

Cálculo do custo de mão de obra

1. Encargos sociais e benefícios sobre a folha de pagamento

Tipos de encargos sociais e benefícios incidentes	Alíquotas Simples	Alíquotas Não optante	Valor
Provisão para o 13º salário	8,33%	8,33%	
Adicional de férias	2,78%	2,78%	
INSS sobre os salários	0,00%	27,80%	
INSS sobre o 13º salário	0,00%	2,32%	
INSS sobre o adicional de férias	0,00%	0,77%	
FGTS	8,00%	8,00%	
FGTS sobre o 13º salário	0,67%	0,67%	
FGTS sobre o adicional de férias	0,22%	0,22%	
Provisão de férias	11,11%	11,11%	
Indenização trabalhista	0,25%	0,25%	
Vale-transporte			
Vale-refeição			
Seguro de vida			
Plano de saúde			
Total			

2. Cálculo do custo da mão de obra direta

Funções	Sigla	GS	Salário/hora	Salário-base	Salário total	Despesa fixa	Custo/hora
Prensista	POR	3	7,00				
Operador de guilhotina	OGL	1	7,50				
Soldador	OSD	1	9,00				
Montador	OMT	3	6,00				
Ajudante-geral	AJG	5	4,00				
Valores totais de mão de obra							

GS: grupo de serviço (quantas pessoas realizam a mesma atividade).

Cálculo do custo dos materiais							
1. Custo das matérias-primas							
Especificação do material	Fornecedor	Quantidade	Unidade	Preço unitário	Frete	ICMS	Custo líquido
Chapa de alumínio #11 x 150 x 650	Alcoa®	0,262	kg	25,00	2,50	1,18	
Custo total dos materiais							
2. Custo dos componentes							
Pino de fixação	Usimeca®	4	pçs	2,00	0,00	1,44	
Custo total dos componentes							
3. Custo dos serviços de terceiros							
Anodização fosca	Superzinco®	1	pçs	4,50	0,00	0,00	
Silk-screen	Estamptec®	1	pçs	3,20	0,00	0,00	
Custo total dos serviços de terceiros							
Custo total dos materiais, insumos, componentes e serviços de terceiros							

| Processo de fabricação ||||||||||
| 1. Sequência de operações ||||||||||
N.	Descrição da operação	Sigla	GS	Máquina/equipamento	TSU	TO	TT	CO	CMO
1	Cortar tiras 2000 × 150	OGL	1	Guilhotina	20	2			
	Ajudante de corte	AJG	1						
2	Cortar *blank* 150 × 650	OGL	1	Guilhotina	20	3			
	Ajudante de corte	AJG	1						
3	Estampar furação	PRE	1	Prensa 40T	30	4			
4	Cortar cantos (4×)	PRE	1	Prensa 20T	30	8			
5	Dobrar abas laterais	PRE	1	Prensa viradeira	30	10			
6	Soldar pinos laterais (4×)	OSD	1	Solda ponto	15	10			
7	Enviar para anodização	–							
8	Enviar para *silk-screen*	–							
9	Embalar	AJG	1	Bancada		10			
Total do custo de mão de obra									

GS: grupo de trabalho (número de pessoas que realizarão a operação); TSU: tempo de *set-up*; TO: tempo de operação; TT: tempo total; CO: custo da operação; CMO: custo da mão de obra.

Estudo dirigido 2: Quatro Ases Industrial Ltda.

Quatro Ases Industrial Ltda., prestadora de serviços de manutenção e montagem de painéis elétricos para automação industrial, instalada na Incubadora de Empresas de Limeira e cadastrada no regime tributário Simples Nacional.

A empresa recebeu um pedido de orçamento para a montagem, sob projeto, de um painel elétrico para a linha alta da Citrosuco®.

Utilizando as planilhas Excel®, disponíveis no site www.manoleeducacao.com.br/licoesdegestao, resolva este exercício calculando os preços de venda para a solicitação do cliente e escolhendo o preço mais adequado para a situação.

N.	Cálculo do preço de venda

1. Caracterização do produto

Denominação	N. do projeto/desenho
Montagem do painel da linha alta	10.4420/A-111

Utilização

Linha alta – fabricação de suco de laranja (FCL)

Elaborado por:	Data	Aprovado por:	Data	Emissão	Edição	Folhas
LAB	13/03/2009	FRL	12/03/2009	12/03/2009	1	1/5

2. Caracterização do cálculo

Tipo de produção		Condições de fornecimento	
Sob encomenda	☐	Condições de pagamento	30 ddl
Séries sob encomenda	☐	Tamanho do lote	1
Séries em larga escala	☐	Prazo de entrega	60 dias
Contínua	☐	Programação mensal	Lote único
		Local de entrega	FOB
		Necessidade de projeto	Não

3. Caracterização do cliente

Cliente: Citrosuco S/A		
Endereço: Rodovia Piracicaba – Limeira, km 20	N. 920	Compl.:
Bairro:	Cidade: Limeira	CEP:
Contato: João Carlos		Tel.: (19) 4426-2002

4. Base do cálculo *mark up*

Alíquotas tributárias		Premissas comerciais	
Simples	6%	Comissão para vendedores	–
ICMS	–	Juros para vendas a prazo	3%
IPI	–	Fretes	–
PIS/Cofins/CSLL/IRRF	–	Diárias de pessoal	2%
ISSQN	–	Políticas de venda	–

5. Cálculo do *mark up* em função do lucro líquido

Lucro líquido pretendido – 10%	Lucro líquido pretendido – 25%
Lucro líquido pretendido – 15%	Lucro líquido pretendido – 30%
Lucro líquido pretendido – 20%	Lucro líquido pretendido – 35%

6. Definição dos custos

Custo dos materiais e serviços de terceiros

Custo da mão de obra

Custo total de produção

7. Definição do preço de venda

Preço de venda – lucro 10%	Preço de venda – lucro 30%
Preço de venda – lucro 15%	Preço de venda – lucro 35%
Preço de venda – lucro 20%	PV Concorrente
Preço de venda – lucro 25%	PV Clientes

8. Observações

Análise do preço de venda

1. Análise do mercado concorrente

Quesitos analisados	Peso	Montag	Prisma	Eletromec®
1. Qualidade	12	3	3	4
2. Prazo de entrega	14	4	3	3
3. Tempo de garantia	11	4	4	4
4. Condições de pagamento	10	3	3	2
5. Ponto de venda	1	4	5	5
6. Políticas de desconto	2	3	2	4
7. Reputação da marca	3	3	4	3
8. Participação no mercado	4	5	2	2
9. Apelo ambiental	6	5	4	4
10. Perfil de reação	5	2	2	1
11. Tecnologia utilizada	9	4	3	3
12. Tempo de mercado	8	4	4	5
13. Nível de concorrência	7	3	2	4
14. Política de preços	13	4	3	3
Pontuação total				
Preço praticado				

2. Análise dos clientes

Quesitos analisados	Peso	Citrosuco®	–	–
1. Exigências de qualidade	13	5		
2. Prazo de entrega	14	5		
3. Garantia solicitada	1	3		
4. Como gosta de pagar	12	2		
5. Potencial de compra	7	5		
6. Políticas de compra	11	4		
7. Segmento de mercado	3	3		
8. Participação no mercado	4	4		
9. Demanda ambiental	2	5		
10. Relação com fornecedor	10	4		
11. Tecnologia necessária	6	4		
12. Reputação	5	4		
13. Documentação exigida	8	2		
14. Localização	9	2		
Pontuação total				
Preço que está pagando				

3. Preço-base recomendado

Preço referência da concorrência	
Preço referência pago pelos clientes	

4. Observações

Como se trata de um serviço prestado sob encomenda, não é necessário o preenchimento da tabela referente à análise de vários clientes.

Cálculo do custo e despesas fixas

1. Plano de contas

Descrição das contas	Dez.	Jan.	Fev.	Março	Abril	Maio
Água	–	–	–	–	–	–
Energia elétrica	250,00	260,00	225,00	243,00	238,00	255,00
Manutenção e reparos	52,00	60,00	55,00	60,00	52,00	40,00
Seguros	25,00	25,00	25,00	25,00	25,00	25,00
Materiais de limpeza	35,00	30,00	25,00	30,00	38,00	43,00
Materiais auxiliares	80,00	80,00	80,00	80,00	80,00	80,00
Taxas e impostos fixos	–	–	–	–	–	–
Leasing de equipamentos	–	–	–	–	–	–
Manutenção de veículos	–	–	–	–	–	–
Despesas com combustíveis	350,00	380,00	380,00	420,00	370,00	410,00
Material de escritório	105,00	120,00	112,00	95,00	100,00	82,00
Telefone, fax e taxas postais	358,10	365,30	335,20	362,35	360,25	348,50
Publicidade e propaganda	500,00	–	500,00	–	500,00	–
Associação patronal	–	–	–	–	–	–
Despesas de viagens	1.380,00	1.340,00	1.385,00	1.370,00	1.320,00	1.480,00
Lanches e refeições	460,00	520,00	520,00	480,00	480,00	520,00
Despesas bancárias	–	–	–	–	–	–
Internet	30,00	30,00	30,00	30,00	30,00	30,00
Investimentos não depreciáveis	–	–	–	–	–	–
Escritório contábil	250,00	250,00	250,00	250,00	250,00	250,00
Jornais e revistas	–	–	–	–	–	–
Ferramentas de consumo	100,00	100,00	100,00	100,00	100,00	100,00
Depreciação	1.032,50	1.032,50	1.032,50	1.032,50	1.032,50	1.032,50
Pró-labore	2.500,00	2.500,00	2.500,00	2.500,00	2.500,00	2.500,00
Rateio da incubadora	250,00	250,00	250,00	250,00	250,00	250,00
Total mensal						

2. Valor de rateio

Valor médio dos custos e despesas fixas a ser rateado no custo da mão de obra direta

3. Cálculo dos benefícios sobre a folha de pagamento

Tipo de benefício	N. de empregados	Valor	N. de dias	Valor total	Obs.
Vale-transporte		5,00			
Vale-refeição		6,00			
Seguro de vida		35,00			
Plano de saúde		0,00			

4. Cálculo dos salários do pessoal administrativo

Função	GS	Salário-base	Encargos	Salário total	Obs.
Auxiliar de escritório	1	950,00			
Supervisor de montagem	2	1.500,00			
Total mensal					

Cálculo do custo de mão de obra

1. Encargos sociais e benefícios sobre a folha de pagamento

Tipos de encargos sociais e benefícios incidentes	Alíquotas Simples	Alíquotas Não optante	Valor
Provisão para o 13º salário	8,33%	8,33%	
Adicional de férias	2,78%	2,78%	
INSS sobre os salários	0,00%	27,80%	
INSS sobre o 13º salário	0,00%	2,32%	
INSS sobre o adicional de férias	0,00%	0,77%	
FGTS	8,00%	8,00%	
FGTS sobre o 13º salário	0,67%	0,67%	
FGTS sobre o adicional de férias	0,22%	0,22%	
Provisão de férias	11,11%	11,11%	
Indenização trabalhista	0,25%	0,25%	
Vale-transporte			
Vale-refeição			
Seguro de vida			
Plano de saúde			
Total			

2. Cálculo do custo da mão de obra direta

Funções	Sigla	GS	Salário/hora	Salário-base	Salário total	Despesa fixa	Custo/hora
Eletricista	ELT	4	9,00				
Montador	OMT	8	5,50				
Mecânico	MEC	2	9,00				
Ajudante-geral	AJG	12	4,00				
Valores totais de mão de obra							

Cálculo do custo dos materiais

1. Custo das matérias-primas

Especificação do material	Fornecedor	Quantidade	Unidade	Preço unitário	Frete	ICMS	Custo líquido
O material é fornecido pelo cliente							

Custo total dos materiais

2. Custo dos componentes

Os componentes são fornecidos pelo cliente							

Custo total dos componentes

3. Custo dos serviços de terceiros

Custo total dos serviços de terceiros

Custo total dos materiais, insumos, componentes e serviços de terceiros

| Processo de fabricação ||||||||||
| 1. Sequência de operações ||||||||||
N.	Descrição da operação	Sigla	GS	Máquina/ equipamento	Tempo de *set up*	Tempo de operação	Tempo total	Custo da operação	Custo de mão de obra
1	Preparar painel metálico	MEC	2	Furadeira manual	0	86.400			
	Auxiliar a preparação	AJG	1			86.400			
2	Montar chicotes elétricos	ELT	2	Bancada	0	57.600			
3	Montar componentes na placa	OMT	4	Manual	0	57.600			
4	Montar o painel	OMT	2	Manual	0	115.200			
	Montar componentes e placas	ELT	2	Manual	0	115.200			
	Auxiliar a montagem	AJG	2	Manual	0	115.200			
5	Testar o painel	ELT	2	Manual	0	14.400			
Total do custo de mão de obra									

Estudo dirigido 3: Zirate Indústria e Comércio Ltda.

Zirate Indústria e Comércio Ltda., varejista de embalagens em madeira trabalhada, instalada na Incubadora de Empresas de Limeira e cadastrada no regime tributário Simples Nacional.

N.			Cálculo do preço de venda		
1. Caracterização do cálculo					
Tipo de produção			**Condições de fornecimento**		
Sob encomenda	☐		Condições de pagamento	À vista	
Séries sob encomenda	☐		Tamanho do lote	1	
Séries em larga escala	☐		Prazo de entrega	Imediato	
Contínua	☐		Programação mensal	–	
			Local de entrega	FOB loja	
			Necessidade de projeto	Não	
2. Base do cálculo *mark up*					
Alíquotas tributárias			**Premissas comerciais**		
Simples		7,54%	Comissão para vendedores	3%	
ICMS		–	Juros para vendas a prazo	–	
IPI		–	Fretes	–	
PIS/Cofins/CSLL/IRRF		–	Diárias de pessoal	–	
ISSQN		–	Lucro líquido pretendido	20%	
3. Definição dos custos					
Produto/Serviço	Produção mensal média	Unidade	Custo de materiais	Custo fixo mensal	Custo total mensal	Custo total unitário
Caixa em madeira para bebidas	1.500	Pçs				
Caixa de madeira para jogos	2.000	Pçs				
Caixa em madeira para chás	1.500	Pçs				
Tabuleiro para xadrez com gaveta	1.000	Pçs				
4. Definição do preço de venda						
Produto/Serviço	Estimativa de vendas	Unidade	Preço de venda base Mercado	Preço de venda base Clientes	Preço de venda base Custo	Preço de venda
	1.500		90,00	87,00		
	2.000		30,00	35,00		
	1.500		40,00	35,00		
	1.000		60,00	35,00		
5. Cálculo da margem de contribuição						
Produto/Serviço	Margem de contribuição (R$)	%	Preço de venda	Volume de vendas	Ponto de equilíbrio	Receita de vendas
6. Observações						

Produto/serviço:		Análise do preço de venda					
1. Análise do mercado concorrente							
Quesitos analisados	Peso						
1. Qualidade							
2. Prazo de entrega							
3. Tempo de garantia							
4. Condições de pagamento							
5. Ponto de venda							
6. Políticas de desconto							
7. Reputação da marca							
8. Participação no mercado							
9. Apelo ambiental							
10. Perfil de reação							
11. Tecnologia utilizada							
12. Tempo de mercado							
13. Nível de concorrência							
14. Política de preços							
Pontuação total							
Preço praticado							
2. Análise dos clientes							
Quesitos analisados	Peso						
1. Exigências de qualidade							
2. Prazo de entrega							
3. Garantia solicitada							
4. Como gosta de pagar							
5. Potencial de compra							
6. Políticas de compra							
7. Segmento de mercado							
8. Participação no mercado							
9. Demanda ambiental							
10. Relação com fornecedor							
11. Tecnologia necessária							
12. Reputação							
13. Documentação exigida							
14. Localização							
Pontuação total							
Preço que está pagando							
3. Preço-base recomendado							
Preço referência da concorrência							
Preço referência pago pelos clientes							
4. Observações							

Apenas a título de exercício, esta análise foi dispensada.

Cálculo do custo e despesas fixas

1. Plano de contas

Descrição das contas	Jan.	Fev.	Março	Abril	Maio	Junho
Água	50,00	50,00	50,00	50,00	50,00	50,00
Energia elétrica	290,00	290,00	290,00	290,00	290,00	290,00
Manutenção e reparos	30,00	30,00	30,00	30,00	30,00	30,00
Seguros	350,00	350,00	350,00	350,00	350,00	350,00
Materiais de limpeza	150,00	150,00	150,00	150,00	150,00	150,00
Materiais auxiliares	50,00	50,00	50,00	50,00	50,00	50,00
Taxas e impostos fixos	–	–	–	–	–	–
Leasing de equipamentos	–	–	–	–	–	–
Manutenção de veículos	250,00	250,00	250,00	250,00	250,00	250,00
Despesas com combustíveis	750,00	750,00	750,00	750,00	750,00	750,00
Material de escritório	150,00	150,00	150,00	150,00	150,00	150,00
Telefone, fax e taxas postais	420,00	425,00	450,00	430,00	435,00	420,00
Publicidade e propaganda	1.100,00	1.100,00	1.100,00	1.100,00	1.100,00	1.100,00
Associação patronal	–	–	–	–	–	–
Despesas de viagens	–	–	–	–	–	–
Aluguel de imóveis	2.500,00	2.500,00	2.500,00	2.500,00	2.500,00	2.500,00
Lanches e refeições	–	–	–	–	–	–
Despesas bancárias	–	–	–	–	–	–
Internet	40,00	40,00	40,00	40,00	40,00	40,00
Investimentos não depreciáveis	–	–	–	–	–	–
Escritório contábil	300,00	300,00	300,00	300,00	300,00	300,00
Jornais e revistas	–	–	–	–	–	–
Ferramentas de consumo	–	–	–	–	–	–
Depreciação	100,00	100,00	100,00	100,00	100,00	100,00
Pró-labore	2.000,00	2.000,00	2.000,00	2.000,00	2.000,00	2.000,00
Rateio da incubadora	–	–	–	–	–	–
–	–	–	–	–	–	–
Total mensal						

2. Valor de rateio

Valor médio dos custos e despesas fixas a ser rateado no custo da mão de obra direta

3. Cálculo dos benefícios sobre a folha de pagamento

Tipo de benefício	N. de empregados	Valor	N. de dias	Valor total	Obs.
Vale-transporte	7	6,00	22		
Vale-refeição	7	15,00			
Seguro de vida	7	30,00			
Plano de saúde	7				

4. Cálculo dos salários do pessoal administrativo

Função	GS	Salário-base	Encargos	Salário total	Obs.
Auxiliar de escritório	1	800,00			
Vitrinista	1	1.200,00			
Auxiliar de serviços gerais		650,00			
Total mensal					

Cálculo do custo de mão de obra

1. Encargos sociais e benefícios sobre folha de pagamento

Tipos de encargos sociais e benefícios incidentes	Alíquotas Simples	Alíquotas Não optante	Valor
Provisão para o 13º salário	8,33%	8,33%	
Adicional de férias	2,78%	2,78%	
INSS sobre os salários	0,00%	27,80%	
INSS sobre o 13º salário	0,00%	2,32%	
INSS sobre o adicional de férias	0,00%	0,77%	
FGTS	8,00%	8,00%	
FGTS sobre o 13º salário	0,67%	0,67%	
FGTS sobre o adicional de férias	0,22%	0,22%	
Provisão de férias	11,11%	11,11%	
Indenização trabalhista	0,25%	0,25%	
Vale-transporte			
Vale-refeição			
Seguro de vida			
Plano de saúde			
Total			

2. Cálculo do custo da mão de obra direta

Funções	Sigla	GS	Salário/hora	Salário-base	Salário total	Despesa fixa	Custo fixo
Produto/serviço							
Vendedor	VND	1	4,50				
Produto/serviço							
Vendedor	VND	1	4,50				
Produto/serviço							
Vendedor	VND	1	4,50				
Produto/serviço							
Vendedor	VND	1	4,50				
Valores totais de mão de obra							

Cálculo do custo dos materiais

1. Custo dos insumos e das matérias-primas

Especificação do material	Fornecedor	Quant.	Un.	Preço unitário	Frete	ICMS	Custo líquido
Caixa para bebidas CV 115 x 1000	Jamaica	1.500	Pçs	65,00	1,12	11,70	
Produto/Serviço							
Caixa para jogos CBB 120 × 45	Jamaica	2.000	Pçs	35,00	0,80	6,13	
Produto/Serviço							
Caixa para chás CC9 400 × 400	Jamaica	1.500	Pçs	25,00	0,80	4,50	
Produto/Serviço							
Tabuleiro p/ xadrez CX 400 × 400	Jamaica	1.000	Pçs	30,00	1,00	5,40	
Produto/Serviço							
Custo total dos materiais							

2. Custo total dos componentes

Produto/Serviço							
Produto/Serviço							
Custo total dos componentes							

Exercício final

Experimente preencher o conjunto de planilhas Excel® com os dados dos produtos da sua empresa. Se você não tiver todos os dados, estime alguns. Depois, analise os resultados e compare com os preços que você está praticando.

CONSIDERAÇÕES FINAIS

Olá! Aqui estou eu novamente, o Eugênio, lembra-se? Vim apresentar-lhe esta Lição de Gestão e agora retorno para encerrá-la.

Espero que você tenha aproveitado bastante. Tenho a certeza de que, se você chegou até aqui, aproveitou mesmo. Esta lição, como deve ter percebido, tratou de como calcular o preço de venda dos produtos fabricados ou dos serviços prestados ou, ainda, das mercadorias comercializadas, mas não vá pensando que esta lição esgota o assunto. Você precisa ficar atento, pois o conhecimento é dinâmico e diariamente surgem novas metodologias. Por isso, atualize-se constantemente.

Para ajudá-lo, recomendo o acesso constante ao www.manoleeducacao.com.br/licoesdegestao, com a senha impressa na página de guarda (verso da capa) deste livro. No *site*, encontrará planilhas eletrônicas, *web aulas* e tutoriais que complementam e facilitam o aprendizado. Recomendo também a aquisição de outros cursos da série Lições de Gestão. Em cada um deles, você encontrará um assunto de suma importância para a administração de qualquer empresa, especialmente a sua.

Sucesso!